KB061660

유언

남은 이들을 위한
사랑의 편지

유언
남은 이들을 위한 사랑의 편지

초판 1쇄 인쇄_ 2016년 11월 25일
초판 1쇄 발행_ 2016년 11월 30일

지은이_ 김정삼
펴낸곳_ 아름다운동행
펴낸이_ 박에스더
편집 및 출판 관련 업무_ 박명철 송진명
디자인_ 박지영
등록_ 2006년 10월 2일 등록번호 제 22-2987호
주소_ 서울시 서초구 효령로 304(서초동) 국제전자센터 1509호
홈페이지_ www.iwithjesus.com
전화_ 02-3465-1520~4   팩스_ 02-3465-1525

ISBN 979-11-956751-5-9 03360
값_ 15,000원

유 언

남은 이들을 위한
사랑의 편지

김정삼 지음

아름다운동행

유언은 자기가 이 세상을 떠난 후에
펼쳐질 상황에 관한 이야기입니다.
거기에서 어떤 일이 일어날지 아무도 모릅니다.
어떻게 유언을 하는가에 따라서
집안과 주변에 평화와 웃음과 따뜻함이
가득할 수도 있고, 미움과 분노와 원망이
넘실거릴 수도 있습니다. 그래서 유언에는
고뇌가 담겨있고 철학과 분별력이 들어 있습니다.
이제 어떤 유언을 남길 것인가를
고민해 볼 때입니다. 그것은 남은 생애를
어떻게 살 것인가의 문제이기도 합니다.
"삶을 원하거든 죽음을 준비하라.(Prepare death if
want life)"는 말은 그런 뜻이 아닐까요?

차례

유언을 하기에 앞서 알아둬야 할 법률지식

유언서의 종류

유언신탁과 유언대용신탁

Chapter 05

유언자가 사망한 후의 진행절차

Chapter 06

여러 가지 유언서의 문장 예시

유산의 기부

재산상속에 관한 법률지식

유언·상속·증여에 관하여 꼭 알아둬야 할 세금지식

◆ 법조문의 '민'은 '민법'을 말함.

유언을 남기는 문화

최근 상속을 둘러싸고 일어나는 분쟁에 관한 언론 보도가 부쩍 늘어나고 있다. 차라리 상속재산이 없었다면 가족 간에 우애롭게 살 수 있었을지도 모른다. 부모가 남긴 많은 재산에는 불화의 씨앗이 숨어있다. 재산을 둘러싼 형제간의 골육상쟁, 또는 자기를 낳지 않은 부모와 자식 간에 차마 눈 뜨고 볼 수 없는 싸움이 벌어지는 예가 비일비재하다.

그래서 어떤 법조인은 이렇게 말한다.

"자식들에게 가장 유해한 핵폭탄은 재산이다, 누가 더 가지느냐가 문제가 아니다."

형제간에 유산 싸움을 하느라 콩가루 집안이 되어버리고 남보다 못해질 수 있다는 걸 단적으로 드러낸 표현이다. 상속 싸움을 하고 나면 형제간 우의가 다시 회복되기는 어렵다. '재산'이 아니라 '재앙'이 될 수 있는 것이다.

형제간에 상속재산을 둘러싼 분쟁이 점차 많아지고 혈육 간 갈등은 남들끼리의 싸움보다 더 치열한 양상을 보이는 것이 안타까운 현실이다. 하늘나라에서, 남은 가족들이 재산 싸움 하는 것을 본다면 망인의 마음은 얼마나 처절하겠는가.

그러나 한편 생각하면, 이런 분쟁에는 그런 일이 일어날 걸 예측하지 못한 망인의 책임도 적지 않다고 볼 수 있다. 생전에 재산 정리를 제대로 해 놓거나 유언을 잘 해 놓았다면 분쟁의 많은 부분은 일어나지 않았을 것이다.

외국에서는 젊어서부터 유언서를 작성해 놓는 경우가 많다. 케네디 전 미국대통령이나 영국의 다이애나 태자비는 갑작스런 사고로 세상을 떠났지만 모두 유언장을 작성해 뒀기 때문에 본인의 평소 뜻에 따라 유산이 분배되었다.

이에 반하여 우리나라는 유언서를 작성하는 경우가 그리 많지 않다. 또 유언을 해 놓는다 해도 유언서를 잘못 작성하여 법적효력을 갖지 못하는 경우도 적지 않게 발견된다.

꼭 재산이 있어야만 유언을 하는 건 아니다. 유언내용에는 재산 문제 외에도 해 둘 게 많다. 실제로 재산과 관계없이도

유언 : 남은 이들을 위한 사랑의 편지

사후를 대비하여 자기의 의사를 남겨 놓는 건 유언자 본인이나 유족들에게 중요한 의미가 있는 것이다.

우리나라 사람들은 "유언서를 작성하면 곧 죽을 것 같아서 기분 나쁘다."라는 말도 한다. 그러나 언제 무슨 일이 발생할지 모르는 현대사회에서 유언장을 작성해 놓는다는 것은 미래를 준비하여 꼭 해야 할 일 중의 하나로 받아들이는 게 현명하다.

"유언해 놓지 않으면 피상속인의 채권은 다 날아간다."고 말하는 법조인도 있다. 이는 경험에서 우러나오는 말이다.

이렇듯 유언을 해 놓아야 할 이유는 수없이 많다.

본인은 오래 전, 평소 알던 분으로부터 갑작스러운 전화를 받은 적이 있다. 목소리는 쉬어 있었고 힘이 없었다. 내용인즉, 명(命)이 얼마 안 남은 것 같은데 유언장을 작성하고 유언집행자를 나로 선정하고 싶으니 도와달라는 것이었다. 당시 변호사로 활동하던 나는 유언에 관한 전문 서적을 구해 보려고 했으나, 우리나라에 유언만을 전문적으로 다룬 실무 서적이 거의 없었다. 그 때부터 이 책을 써야겠다고 생각하고 일본 고베대학교 객원연구원으로 가 있으면서부터 집필하기 시작했다. 이런저런 사정으로 지체되어 오다가 그 동안 재벌

들마다, 돈 있다는 집마다, 또 있는 집이든 없는 집이든, 유언이나 상속에 관하여 갈등과 다툼, 심지어는 재판이 비일비재한 현실을 보면서 더 이상 미룰 수 없다고 생각하여 이번에 최근의 판례나 사례 등 각종 자료까지 수집하여 발간하게 되었다.

전문가뿐 아니라, 일반인 누구나 볼 수 있게, 쉽게 만들려고 노력했다. 누구든지 이 책을 참고하여 유언장을 작성하면 법적인 요건을 갖춘 유언을 할 수 있게 될 것이다. 또 갖가지 경우에 사용할 수 있는 유언 문구를 다양하게 수록해 놓았으므로 도움이 될 것이다.

이 책의 발간이 앞으로 우리나라에서 '유언을 남기는 문화'가 활성화 되는 데 기여하고, 또 유언장을 잘못 작성하여 상속인 사이에서 발생하는 분쟁을 줄이는 데 도움이 되기를 기원한다.

2016. 11. 10.

저자 씀

유언 : 남은 이들을 위한 사랑의 편지

왜 유언이
꼭 필요한가

제갈공명은 죽기 전에 자기 사후의 전략을 일러두었는데,
그의 조치는 "죽은 제갈공명이 살아 있는 사마중달을
달아나게 하였다(死孔明走生仲達)."는 유명한 말을
남기게 되었다. 남은 이들에게 남기는 유언은 금과 은보다
더 귀한 자산이 될 수 있다.

I. 유언이란 무엇인가

유언은 마지막으로 남기는 자기의 의사 표시이며, 자기 인생을 마무리 짓는 일 중 하나다.

보통 「유언」이라고 하면, 「사람이 죽은 후를 위하여 남기는 말」이라거나 「죽을 때에 남기는 말」 정도로 생각한다.

그러나 법률적으로 말하는 유언, 즉 이 책에서 말하는 유언은 그런 의미와는 다르다. 법적으로 「유언」이란 말은 「자기가 죽은 후에 재산이나 신분 관계 등을 어떻게 해야 되겠다고 바라는 것을 법이 그대로 실현시켜 주는 것」이라고 말할 수 있다.

II. 유언을 한 경우와 유언하지 않은 경우의 차이

유언을 하지 않고 즉, 유언서를 작성해 두지 않고 사망하면 그 사람의 재산은 법정상속에 의하여 상속된다.

법정상속이란 법률에서 정해진 상속인이, 법률에서 정해진 상속분대로 유산을 상속받는 것이다. 그러므로 사망자가 이 재산(그것이 꼭 재산적 가치가 있는 것이 아니라 하더라도)은 누구에게, 저 재산은 누구에게 줘야겠다고 생각해 오던 평소의 의사는 전혀 무시되고 법에서 정해진 대로 상속되는 것이다.

물론 이 경우에도 상속인들 간에 협의를 해서 법정상속분과 다르게 유산 분할을 하는 것은 상관이 없다.(법정상속에 대하여는 뒤에 있음.)

이에 반하여, 유언을 하게 되면 법정상속과 다른 내용의 상속, 다시 말하면 유언자가 원하는 바대로 상속을 하게 된다. 따라서 평소, 자기 사후에 재산 등이 어떻게 처리되었으면 좋겠다고 생각한 바가 있다면 유언을 꼭 해 놓을 필요가 있다. 유언이 없으면 사후에 상속재산의 처리 등이 엉뚱한 방향으로 진행될 수 있는 것이다.

Ⅲ. 유언의 필요성

 1. 상속인끼리의 분쟁을 방지하는 가장 좋은 방법이다

사람이 죽으면 상속이 개시된다. 그 사람의 재산은 죽는 순간에 상속인의 것이 된다. 그런데 상속인이 여러 명 있으면

유언 : 남은 이들을 위한 사랑의 편지

'상속인 간에 유산을 어떻게 나눌 것인가(유산 분할.)'하는 문제가 발생한다. 여기서 서로 간에 욕심을 부리게 되면 싸움이 일어나고 상속인 중의 1인이 상속재산을 모두 독차지하기 위하여 수단을 부리는 경우도 있다. 이렇듯 유산 분할 과정에는 욕심과 욕심이 부딪치는 일이 생기고, 급기야는 법정으로까지 재산 싸움이 번져나가기도 한다.

형제 간 재산 싸움이 뭐 그리 심각하게 되겠느냐고 생각할 수도 있으나, 실제로 재판까지 가는 경우가 부지기수고, 그렇게 되면 골육 간에 미움이 진해져서 평생토록 씻어지지 않을 상처를 주기도 한다. 재산을 남기고 사망한 분이 하늘에서 보면 괜히 재산을 남겼다고 후회할 지도 모를 일이다.

이런 문제가 발생하는 원인은, 그런 사태를 예상치 못했거나 사전에 예방하지 못한 망인(피상속인)에게 적지 않게 있다. 유산을 둘러싸고 상속인 간에 분쟁이 발생할지 모른다는 예측 하에 이를 방지하는 확실한 방책을 마련해 놓았어야 하는 것이다.

여기에서, 「유언」을 해 놓는 것이 바로 상속인 간의 싸움을 방지하는 길이 될 수 있다. 다만 유언을 할 때 꼭 염두에 둬야 할 점은, 기분에 치우치지 말고, 지혜를 발휘하여, 뒤에서 보는 바와 같이 상속인들이 납득할 수 있는 내용을 남겨 두는 것이다.

상속인끼리의 분쟁이 증가하고 있는 현실을 염두에 두고 엄중한 자세로 유언을 대할 필요가 있다.

 2. 사자(死者)의 최종 의사를 실현하는 제도다

자기가 죽은 후에 일어날 상황을 잠시만 상상해 본다면, 생전에, 그것도 정신이 말짱할 때에 사후를 대비한 의사표시를 해 놓는 것이 얼마나 중요한 일인지 금방 알 수 있다. 죽음이란 예고하고 찾아오는 게 아니므로 죽음이 임박했다고 느끼는 때가 아닌, 보통 평안할 때 만일의 사태에 대비하여 유언을 해 두는 것이 좋다.

덜커덕 죽음 앞에 설 때는 늦을지도 모른다.

서구에서는 젊은 사람도 유언장을 작성해 놓는 경우가 많다. 서구에서 유명인물이 사망했을 때 그의 유언내용이 언론보도를 통해 공개되는 경우를 자주 접하게 되는 것은 평소 유언장을 써 놓는 그들의 문화와 깊은 관련이 있다. 어떻게 보면 평소 생각대로 유산이 분배되고 사후 일처리가 진행되도록 하는 것은 망인의 권리이자 의무다.

자기의 마지막 의사를 사후에 실현시키려는 의지가 있는 사람이라면 유언을 꼭 해 둬야 할 것이다.

 ### 3. 준비된 죽음, 후회 없는 죽음을 맞이하기 위해서 유언을 한다

죽음은 언제 닥칠지 아무도 모른다. 만약 갑작스러운 죽음을 맞이한다면 본인은 물론 가족이나 이웃의 충격은 상상을 초월할 것이다. 그러므로 평소 죽음을 준비하며 사는 사람은 인생을 더 충실히, 가치 있게 살 것이고 후회하지 않는 삶이 될 것이다. 죽음을 준비하는 삶에서 중요한 하나는 평소에 유언을 써 놓는 것이다. 생각과 가치관이 바뀌면 언제라도 유언 내용을 고치면 된다.

4. 만 17세 이상은 누구라도 유언할 수 있음이 원칙이다

유언은 나이든 사람만 할 수 있는 것이 아니고, 젊은 사람도 할 수 있다.

만 17세 이상이면 단독으로 유언을 할 수 있다.(민1061)

원래 만 19세가 되지 못한 미성년자는 법정대리인의 동의 없이 단독으로 재산적 법률행위를 할 수 없음이 원칙이나, 유언에 있어서는 만 17세가 되면 미성년자라 하더라도 법정대리인의 동의를 얻지 않고서 모든 유언사항에 관하여 유언을 할 수 있다.(민1062)

피한정후견인(질병, 장애, 노령, 그 밖의 사유로 인한 정신적 제약으로 사무를 처리할 능력이 부족하여 한정후견개시의 심판을 받은 사람)도 미성년자와 마찬가지로 후견인의 동의 없이 단독으로 유언할 수 있다.

후견인의 동의 없이 유언했다고 해서 취소하지 못한다.(민1062)

피성년후견인(질병, 장애, 노령, 그 밖의 사유로 인한 정신적 제약으로 사무를 처리할 능력이 지속적으로 결여되어 성년후견개시의 심판을 받은 사람)도 단독으로 유언을 할 수 있다.

그러나 피성년후견인은 의사능력이 회복된 때에만 유언할 수 있으며, 유언을 하려면 반드시 의사가 유언서에 유언하는 피성년후견인이 심신회복의 상태임을 부기하고 서명 날인하여야 한다.(민1063)

 5. 재산이 전혀 없어도 유언을 하는 게 좋다

재산이 있어야만 유언장을 작성할 수 있는 건 아니다. 남겨 놓은 재산이 아무 것도 없어도, 더 나아가 빚만 남겨놓았다고 하더라도 유언장을 쓸 이유는 많다.

제갈공명은 죽기 전에 자기 사후의 전략을 일러두었는데, 그의 조치는 "죽은 제갈공명이 살아 있는 사마중달을 달아나게 하였다(死孔明走生仲達)."는 유명한 말을 남기게 되었듯이, 자손들에게 전하는 유언은 금과 은보다 더 귀한 자산이 될 수 있다.

유언을 둘러싸고 등장하는 인물들

● **유언자**

유언을 하는 사람을「유언자」라 한다.

● **피상속인**

죽으면서 유산을 남기는 사람을 피상속인이라 한다.

예를 들어서 부부와 자녀가 있는 집에서 아버지가 사망하면 사망한 아버지가 피상속인이 되는 것이다. 피상속인이 유언을 하면「피상속인＝유언자」가 된다.

● **상속인**

상속을 받는 사람이다. 위의 예에서 처와 자녀가 상속인이 된다.

● **수증자(受贈者)**

유언에 의하여 유증을 받는 사람을 수증자라 한다.

유증을 받을 수 있는 상대방은 제한이 없다. 상속인이 유증을 받는 경우가 많겠으나, 상속인이 아닌 자가 유증을 받을 수도 있다. 개인 뿐 아니라 법인이나 단체도 유증 받을 수 있다.

상속인이 유증을 받으면 상속세율이 적용되지만, 상속인 아닌 자가 유증을 받으면 증여세율이 적용된다.

유언 : 남은 이들을 위한 사랑의 편지

- **특별수익자**

상속을 할 당시, 공동상속인 중에서 피상속인으로부터 특별히 생전 증여나 유증으로 재산을 받은 상속인을 특별수익자라 한다. 상속분 계산에 특별한 취급을 받는다.

- **증인**

유언서 작성 시에 증인이 요구되는 경우가 있다. 증인은 유언이 유언자의 진의에 의하여 작성된다는 것을 증명하는 사람이다.

- **유언집행자**

유언서는 그 내용이 확실히 실현되지 않으면 의미가 없다. 유언자를 대신하여 유언을 실현시키는 사람이 유언집행자이다.

IV. 유언에는 무엇을 쓸 수 있는가

 1. 무엇을 유언할 것인가는 유언자가 알아서 할 문제다

무엇을 유언할 지는 유언자가 자유로이 정하면 된다.

그러나 유언서에 기재한 모든 것에 대하여 법적인 효력이 생기는 건 아니라는 사실을 유념할 필요가 있다. 법적인 효력이 생기지 않는다는 말은, 유언자 사후에 유언내용대로 이행하지 않더라도 그것을 강제적으로 실현시키지 못한다는 뜻이다.

예컨대, 자녀들에게 「어머니를 잘 모시고 살아라. 장례식은 여차여차하게 하여라. 시신은 화장하여라.」는 유언을 남겼다고 가정할 때, 그것은 단순히 유언자의 희망사항을 알리는 의미만 있는 것이지 자녀들이 이를 지키지 않았다고 해서 그 유언내용을 강제적으로 실현할 방도는 없다.

유언을 했을 때, 그 유언내용 중에서 법적효력을 가지는 유언사항은 다음에서 보는 바와 같이 제한되어 있다. 그 외의 내용을 유언했을 때에는 법적으로 그것을 강제할 수 없다.

2. 법적효력이 있는 유언사항

앞서 본 바와 같이, 법적인 효력이 인정되는 유언사항이란, 유언서에 아래의 사항을 기재하면 그것을 법적으로 유효한 것으로 보아서 상속인이나 수증자를 법적으로 구속하게 되는 사항을 말한다.

이것은 크게 다음 세 가지로 나누어 볼 수 있다.

(1) 상속재산에 관한 사항

■ 상속재산에 대한 분할방법의 지정, 분할 금지(민1012)

피상속인은 유언으로 상속재산의 분할방법을 정하거나 이를 정할 것을 제3자에게 위탁할 수 있다. 또 유언으로 상속개시의 날로부터 5년을 넘지 않는 기간 내의 일정 기간 동안 상속재산의 분할을 금지할 수 있다.

가업승계의 경우에 분할을 허용할 것인가, 아니면 일정 기간 동안 분할을 금지할지 결정이 있어야 할 것이다.

피상속인은 유언으로 상속재산의 분할방법을 정할 수는 있지만, 생전행위에 의한 분할방법의 지정은 그 효력이 없어

상속인들이 피상속인의 의사에 구속되지 않는다.

■ 유증, 즉 유언에 의한 재산의 증여(민1074~1090)

유언자는 유언으로 타인에게 무상으로 재산상 이익을 줄 수 있는데, 이를 유증이라 한다. 현실에서는 여러 유언사항 중에서, 어떤 재산을 누구에게 주겠다고 하는 식의 유증이 주로 이용되고 있다.

■ 재단법인 설립을 위한 재산 출연 행위(민47조 2항)

"별지목록에 기재한 재산으로 ○○재단법인을 설립한다." 와 같이 유언으로 재단법인을 설립할 수 있는데, 이에 관하여는 유증에 관한 규정을 준용한다. 유언자는 유언으로 재단법인 설립을 위한 재산의 출연을 할 수 있는데, 그 재산은 재산 출연자의 사망으로 유언의 효력이 발생한 때로부터 법인의 재산으로 귀속된다.

■ 신탁의 설정(신탁법 3조)

신탁은 위탁자가 유언을 통해 설정할 수 있다.

(2) 가족관계에 관한 사항

■ 친생부인(親生否認)(민850)

"홍길동(주민등록번호, 주소를 알면 기재함)은 나의 자식이 아니다.", "홍길동은 나의 친생자임을 인정하지 않는다(또는 부인한다)."는 식으로 자신의 아이가 친자가 아니라고 부인하는 것을 말한다.

남편이나 아내가 유언으로 그 자녀가 친생자가 아님을 표시한 때에는 유언집행자는 친생부인의 소를 제기하여야 한다.

■ 혼인 외의 子의 인지(認知)(민859조)

"홍길동은 나의 자식임을 인정한다(또는 인지한다)", "유언자는 아래의 子를 인지한다. 아래에 子의 이름, 주민등록번호, 전화번호 기재"는 식으로 혼인 외에서 출생한 자녀에 대하여 친아버지나 친어머니가 자기 자식임을 확인하는 것이다.

생부나 생모가 유언으로 혼인 외의 출생자를 자기 아이라고 인정한 경우에는 유언집행자가 이를 신고하여야 한다.

■ 후견인의 지정(민931)

미성년자에게 친권을 행사하는 부모는 유언으로 미성년후
견인을 지정할 수 있다.

■ 미성년후견감독인(민940의2)

미성년후견인을 지정할 수 있는 사람은 유언으로 미성년
후견감독인을 지정할 수 있다.

(3) 유언집행에 관한 사항

■ 유언집행자의 지정, 제3자에게 그 지정의 위탁(민1093)

"유언집행자로 변호사(또는 동생) ○○○을 지정한다."

 **3. 위 유언사항 이외의 내용을 유언서에 기재하면
어떻게 되나**

위에 열거한 유언사항에 해당하지 않는 유언내용은 유언
서에 기재하더라도 법적인 효력이 인정되지 않는, 단순한 유

유언 : 남은 이들을 위한 사랑의 편지

언자의 희망사항에 불과하다. 상속인등이 꼭 지키지 않아도 된다는 말이다.

그렇다고 하더라도 유언을 할 때, 꼭 법적효력 또는 법적 구속력이 있는 내용에 대하여만 유언할 필요는 없다. 유언을 하는 경우에는 별별 것에 다 마음이 쓰이기 마련이다. 예컨대 배우자에 대한 걱정, 자녀들 또는 친족 간의 관계, 장례의 절차와 방법, 유훈 등 유언해 두고 싶은 것이 아주 많을 것이다.

이런 모든 사항에 대하여 유언서에 기재해 놓아도 된다. 어쩌면 그러한 유언내용을 통하여 상속인들이 유언자의 뜻을 잘 헤아릴 수 있을 것이고, 또 상속인들이 법적효력을 따지지 않고 유언내용을 모두 따라 주는 것이 바람직할 것이다.

유언으로 남겨야 할 내용

유언장에 적어 놓았을 때 법적인 효력이 있는 것과 그렇지 않은 것이 있지만, 유언자의 입장에서는 법적효력 유무를 떠나서 남기고 싶은 말이 많을 것이다.

"배우자, 손자녀, 이웃, 세상에 무엇을 남겨줘야 하나?"는 문제는 모두의 고민이라 해도 과언이 아니다. 남은 가족에게 재산을 많이 남기느냐? 그런데 재산만 남기면 금방 탕진해 버릴 수 있다는 게 걱정된다. 자생력을 갖게 하느냐? 신앙을 남기느냐?

이러한 고민과 함께, 유언에 넣어야 할 내용에, 앞에서 본 법적효력이 있는 유언사항을 포함하여 대략 다음과 같은 것들이 포함되면 좋을 것이다.

1. 재산

• 재산을 누구에게 어떤 방식으로 상속 또는 증여시킬 것인지를 정한다. 임종을 앞두고 재산 정리가 안 되어 고민만 하다가 지나가 버리는 경우도 적지 않다. 잘못하면 상속인들을 전쟁터로 밀어 넣어버리는 꼴이 된다.

노년이 되면 세 가지를 정리해야 하는데, 재산과 책과 사진이라고 말하는 사람도 있다. 망인이 책과 사진을 남겨 놓으면 상속인으로서는 그걸 정리할지 아니면 계속 보존할지 쉽게 결정을 못한다는 것이다.

• 또 재산명세, 채권목록, 채무의 존재, 보험의 존재와 보험금 수령자, 거래하는 금융기관, 통장이나 신용카드의 비밀번

호 등의 구체적인 명세와 자료를 잘 정리해 두는 것도 좋다.

사후에 알지 못하는 채권자라고 하는 사람이 나타나는 경우도 있고, 받아야 할 채권이 있는데 상속인이 몰라서 받지 못하는 경우도 있다.

• 상속세가 거액이 예상되면 그 대책에 관한 내용도 기재할 필요가 있다. 준비가 안 된 경우 상속세를 마련하지 못하거나 마련하는 과정에서 불측의 손실이 발생할 수도 있다.

2. 하고 있는 일과 각종 자료

• 유언자가 무슨 일을 하고 있고, 그 일과 관련하여 무엇을 알아야 하는지, 또 꼭 알아야 할 자료가 어디에 있는지에 관하여 정리를 해 두면 사망으로 인하여 생길 수 있는 일이나 인간 관계의 단절을 방지할 수 있다.

• 이메일 주소와 비밀번호 등도 정리해 둘 필요가 있다.

3. 가족을 포함하여 지인들에게 남길 말

가족, 이웃, 혹은 누구에게 꼭 하고 싶은 말을 남기면 좋다. 부탁, 감사, 사과, 고백 등을 하면 좀 더 가치 있게 나머지 생애를 살 수 있을 것이다.

남은 배우자, 장애인 자녀 등에 대한 부탁과 생활 대책도 있
을 것이다.

4. 장기 기증, 장례 절차 및 화장 여부 등

자신이 위독한 상태에 처해 의사 표현을 할 수 없을 때 생명
연장조치를 취해야 할지, 사후 장기 기증 의사가 있는지, 장례
의 형식과 절차, 시신을 매장할지 또 어디에 매장할지 또는 화
장할지 등에 관하여 자세하게 적어두면 상속인 등이 갈등이나
고민 없이 장례 절차를 진행할 수 있을 것이다.

5. 신앙 문제

신앙은 한 사람의 정체성을 나타내는 것으로서 남은 가족
이나 지인들에게 가장 이야기하고 싶은 것일 수 있다. 본인이
가장 귀히 여기는 속생각을 남기는 것은 유언을 받는 사람에
게 큰 위로가 될 수 있을 것이다.

6. 유언집행자의 지정

Chapter
02

유언을 하기 전에
알아둬야 할 법률지식

죽음은

우리가 한창 희망으로 불타고 있을 때

우리를 기습한다.

♦ 토마스 풀러

유언을 하고자 할 때에는, 먼저 다음의 사전 지식을 갖고 임할 필요가 있다.

Ⅰ. 유언은 반드시 문서로 해야 한다

 1. 진의 확보를 위하여 문서로 할 것을 요한다

유언은 유언서를 작성할 때 효력을 갖는 것이 아니고, 유언자가 사망한 때에 효력이 생긴다. 유언자는 이미 사망하였으므로 유언이 제대로 만들어진 것인지 그 내용이 무엇인지에 대하여 다툼이 있더라도, 보통의 계약과 같이 유언자에게 진의를 확인할 수가 없다. 그렇기 때문에 유언은 반드시 문서의 형식으로 하도록 되어 있다.

 2. 구두로 하는 유언은 효력이 없다

영화 등에서 보는 바와 같이, 임종하는 자리에 가족이나 친족을 모아놓고 구두로 유언을 하는 것은, 법률상의 유언으로 인정되지 아니하고 법적인 효력이 없다. 상속인 등이 망인의 의사를 존중해서 구두로 한 유언내용을 그대로 이루어 나가는 것은 바람직하고 보기에도 좋을 것이다.

그러나 상속인 중에 그 유언을 지키지 못하겠다는 사람이 생기면 다른 상속인이 이를 강제적으로 이행시킬 방법이 없다. 그러므로 구두로 하는 유언의 실현은 그들에게 자발적으로 맡길 수밖에 없는 것이고 법적으로 강제할 수 없다.

 3. 유언은 5가지 방식만 인정된다

민법은 유언의 방식을 5가지로 엄격히 정해두고 그 방식에 따르지 않은 유언은 무효로 하고 있다.

이는 유언자의 진의를 확보하고, 유언의 내용을 명확하게 하며, 유언자가 신중을 기해 유언하게 하기 위한 목적에서 그렇게 한 것이다. 그래서 법정된 요건과 방식에 어긋난 유언은 설령 유언자의 진정한 의사에 합치한다 하더라도 무효가 된다. 이는 대법원의 확립된 판례.

유언 : 남은 이들을 위한 사랑의 편지

우리나라에서는 ① 자필증서유언, ② 녹음유언, ③ 공정증서유언, ④ 비밀증서유언, ⑤ 구수증서유언의 5가지 방식만 인정하고 있다.

따라서 이 5가지 이외의 방식으로 유언을 하면, 법률상 효력을 인정받을 수 없다. 예컨대, 휴대전화 문자메시지(SMS)를 이용해서 유언을 했다면 그 유언은 법적효력을 인정받기 어렵다.

유언의 방식	보통 방식	자필증서유언 녹음유언 공정증서유언 비밀증서유언
	특별 방식	구수증서유언

II. 유언을 해 두어도 법적효력이 없는 경우가 있다

법적효력이 없는 내용이라도 유언자가 유언을 해 두는 것은 그의 자유며, 나아가 이러한 유언도 안 하는 것 보다는 해 놓는 게 좋다는 점은 앞서 기술한 바 있다.

피상속인이 생전행위 또는 유언으로 자신의 유체·유골의 처분이나 매장 장소를 지정한 경우에, 선량한 풍속 기타 사회질서에 반하지 않는 이상 그 의사는 존중되어야 하고 이는 제사 주재자로서도 마찬가지라 할 것이지만, 피상속인의 의사를 존중해야 하는 의무는 도의적인 것에 그치고, 제사 주재자가 무조건 이에 구속되어야 하는 법률적 의무까지 부담한다고 볼 수는 없다.(대법원 2008.11.20. 선고 2007다27670 전원합의체 판결 유체인도 등)

III. 유언은 엄격한 요건에 따라야 효력이 있다

유언을 할 때는 위 5가지 중 어느 방식으로 할지를 먼저 결정해야 한다. 이에 따라 유언장의 작성 방법, 증인 여부, 비용 발생, 위변조 및 분실 가능성 등에 차이가 있게 된다.

IV. 증인을 세워야 한다

 1. 증인 참여 없이 이뤄진 유언은 무효다

자필 증서에 의한 유언의 경우에는 증인이 필요 없으나, 그 밖의 방식으로 유언을 하는 때에는 1명(녹음유언의 경우) 또는 2명의 증인이 꼭 참여해야 한다.

증인은 유언이 유언자의 진의에 의하여 성립된 사실을 증명하는 사람이다. 그러므로 증인이 되기에 적합하지 못한 자는 증인으로 참여하면 안 된다, 만일 그런 사람이 증인으로 참여했다면 그 유언은 무효가 된다.

그러므로 유언자는 자필증서유언 이외의 유언을 할 때에는 증인으로 세울 사람을 미리 섭외해 놓아야 한다.

 2. 유언의 증인이 될 수 없는 자

다음의 어느 하나에 해당하는 사람은 유언을 할 때 증인이 될 수 없다.(민1072)

① 미성년자 … 만 19세미만의 자이다. 법정대리인의 동의가 있어도 증인이 될 수 없다. 미성년자라도 혼인을 한 때에는 증인이 될 수 있다고 본다.

② 피성년후견인, 피한정후견인 … 어떤 경우에도 증인이 될 수 없다.

③ 유언에 의하여 이익을 받을 사람, 그 배우자와 직계 혈족 … 예컨대, 유언자의 처·남편·자녀 등 상속인이나 유증을 받게 될 수증자 등은 증인이 될 수 없다. 유언집행자는 증인이 될 수 있다.(대법원 1999. 11. 26. 97다57733)

④ 공정증서에 의한 유언의 경우에는, 민법상의 증인 결격자 이외에도 공증인법에 따른 결격자는 증인이 되지 못한다.(공증인법33③참조) 처남은 증인이 될 수 없다.(판례)

 3. 증인을 누구로 할 것인지 결정한다

증인을 누구로 할 것이냐는 유언자가 마음대로 결정하면 된다. 위의 ①~④에 해당하지 않으면 누구든지 증인이 될 수 있다.

친한 친구, 친척, 변호사 등 믿을 수 있는 사람에게 증인을
의뢰하는 것이 바람직하다.

V. 한번 한 유언이라도 언제나 변경할 수 있다

 **1. 유언철회는 자유다**

유언자는 언제든지 유언 또는 생전행위로써 유언의 전부
나 일부를 철회할 수 있다. 유언자는 그 유언을 철회할 권리
를 포기하지 못한다.(민1008)

그러므로 유언서를 작성한 후에 생각이 바뀌게 되면 유언
자는 살아있는 동안에는 언제든지 유언내용을 바꿀 수 있다.
일부만 바꿔도 되고 전부를 바꿔도 된다. 유언이란 유언자가
사망한 순간의 최종적인 의사를 존중 하려는 것이기 때문에
언제라도 몇 번이든지 바꿀 수가 있는 것이다.

가령 유언내용 중에 「이 유언서는 앞으로 절대로 변경하지
않는다. 후에 이것과 모순되는 유언을 하더라도 그것은 무효
이다.」또는「철회권을 포기한다.」라고 기재되어 있다고 하더

라고 그 후 바꿀 수 있고, 나아가 재산을 받는 상대방과의 사
이에서 유언을 철회하지 않겠다고 굳게 약속을 한 경우일지
라도 그 유언을 변경할 수 있다.

 ## 2. 유언철회의 방법

다음과 같은 경우에는 유언이 철회된 것이 된다.

(1) 철회의 유언

유언자가 전에 한 유언의 전부 또는 일부를 철회하는 유언
을 하면 철회되기 전의 유언부분은 효력을 잃는다. 「A에게
甲부동산을 유증한다」고 유언을 한 후에 「A에게 甲부동산을
유증한다는 뜻의 전의 유언을 철회한다」고 유언하는 식이다.

철회의 유언은, 철회의 대상이 되는 유언과 동일한 방식으
로 해야 하는 것은 아니기 때문에, 가령 공정증서유언을 자필
증서유언에 의하여 철회해도 괜찮다.

이러한 철회방식에 의할 때에는, 잘못하면 철회의 범위에
관하여 다툼이 생길 여지가 있기 때문에 주의를 요하며, 아예

새로운 유언서를 작성하는 게 바람직한 방안일 수 있다.

(2) 후의 유언이 전의 유언에 저촉될 경우

예컨대, 「甲부동산을 A에게 유증한다」는 유언을 한 후에 「甲부동산을 B에게 유증한다」고 유언을 하는 것이다.

이때에는 후의 유언에서 전의 유언을 철회한다는 뜻의 기재가 없더라도 후의 유언내용이 전의 유언내용과 저촉되면, 저촉부분에 대하여는 전의 유언이 철회된 것으로 본다.

다른 예를 들면, 「유언자가 장남 B에게 재산 전부를 유증한다」는 내용의 공정증서에 의한 유언을 한 후에, 사망 직전에 「재산을 상속인들 모두에게 각각 얼마씩 나눈다」는 내용으로 녹음에 의한 유언을 했다면, 이는 전후의 유언이 저촉되는 경우에 해당하므로 그 저촉된 부분의 앞서 한 유언은 이를 철회한 것으로 보고, 후의 유언이 효력이 있다.

(3) 유언을 한 후에 그것과 저촉되는 행위를 한 경우

예컨대, 「甲부동산을 A에게 유증한다」고 유언한 후에 유언자가 甲부동산을 다른 사람에게 팔아버리는 경우에 그 저촉된 부분의 전(前)유언은 철회한 것으로 본다. 실제에는 저촉

여부에 관한 판단이 쉽지 않을 수 있다.

(4) 유언자가 고의로 유언증서를 파손한 경우

그 파손한 부분에 관하여는 유언을 철회한 것으로 본다.

공정증서유언의 경우에는 원본이 공증사무소에 보존되어 있어서 유언자가 소지하고 있는 증서를 파손하여도 철회의 효력은 생기지 않으므로 주의를 요한다.

(5) 유언자가 고의로 유증의 목적물을 파손한 경우

예컨대, 유증하겠다는 건물, 가재도구, 그림을 고의로 파손시켰다면, 그 파손한 부분에 관하여는 유언을 철회한 것으로 본다.

 ## 3. 판 례

■ 망인이 유언증서를 작성한 후 재혼하였다거나, 유언증서에서 유증하기로 한 일부 재산을 처분한 사실이 있다고 하여 다른 재산에 관한 유언을 철회한 것으로 볼 수 없다.(대법

유언 : 남은 이들을 위한 사랑의 편지

원 1998. 5. 29. 선고 97다38503 판결)

■ 유언자가 유언공정증서 작성 후에 그 공정증서 정본을 파기하고 이 사건 유언을 철회하는 내용의 내용증명서를 작성하여 이를 유언집행자에 발송한 행위는 유언을 철회하는 민법 제1108조 제1항의 생전행위로 봄이 상당하다.(서울가정법원2009느단8790 유언집행자선임)

4. 조 언

(1) 유언을 변경하는 경우에는, 일부만 변경시키는 것보다 새로운 유언서를 다시 작성하는 게 분쟁 방지에 유리한 방법이다.

(2) 한번 한 유언을 그 후 철회했다가, 또 다시 철회를 해서 처음의 유언으로 돌아가겠다고 의도하는 경우에 철회의 유언서를 작성하는 것보다 처음과 같은 내용의 유언서를 새로 작성하는 것이 보다 확실한 방법이다.

VI. 유언서 보관 방법을 염두에 둬야 한다

유언을 할 때에는 작성한 유언서를 어떻게 보관하고, 유언의 내용을 누구에게 실현하도록 할 것인가를 고려해야 한다.

 1. 유언서를 잘 보관해야 한다

아무리 애써 유언서를 작성했더라도 유언서가 제대로 보관 관리되지 않으면 유언은 없는 것으로 되어 버리거나 다툼의 불씨가 될 수 있다. 실제로 유언서가 분실 또는 멸실되거나, 변조·위조가 되거나, 유언서가 있다는 사실을 모른 채 상속이 개시되는 경우도 있고, 상속 절차를 마친 후에 발견되기도 한다.

그러므로 유언자는 유언서의 보관에 특별한 주의를 기울여야 한다. 통상은 상속인, 친구, 또는 법률전문가인 변호사, 법무사 등에게 맡겨 놓겠지만, 남에게 맡기지 않고 개인적으로 비밀스럽게 보관하는 경우는 분실 위험성이 높아진다.

공정증서유언이나 유언신탁의 경우는 분실 우려가 없다.

2. 판례

■ 유언자가 유언을 철회한 것으로 볼 수 없는 이상, 유언증서가 그 성립 후에 멸실되거나 분실되었다는 사유만으로 유언이 실효되는 것은 아니고 이해관계인은 유언증서의 내용을 입증하여 유언의 유효를 주장할 수 있다.(대법원 1996. 9. 20. 96다21119)

■ 자신 앞으로 작성된 유서라 해도 작성자가 살아있는 동안 허락 없이 가져오면 절도죄에 해당한다.

VII. 유언집행자를 선정할지, 선정한다면 누구로 할지를 정해야 한다

유언의 내용은 상속인이 직접 실현시킬 수도 있고, 유언집행자를 지정하여 그로 하여금 실현시킬 수도 있다. 친생 부인의 소 제기, 인지의 신고는 상속인은 할 수 없고 반드시 유언집행자만이 행해야 한다.

그러므로 유언을 할 때는 유언집행자를 선정할지 아닐지

의 여부를 결정해야 한다.

유언한 대로 고인의 뜻이 제대로 실현되기 위해서는 믿을
수 있는 유언집행자를 선임해두는 것이 좋다.

Ⅷ. 상속재산의 세금 관계를 살펴야 한다

(뒤의 세금부분 참조)

Chapter
03

유언서의
종류

물고기 한 마리를 주어라. 한 끼를 먹을 것이다.

물고기 잡는 법을 가르쳐 주어라. 평생 동안 먹을 것이다.

♦ 탈무드

유언에 5가지 방식이 있다는 점은 앞에서 설명을 했는데, 그중에서 어떤 방식의 유언을 선택할 것인가는 유언자가 자유로이 결정하면 된다.

다만, 5가지 유언방식은 각각 장단점이 있고, 처한 상황에 따라 어떤 방식을 택할 수밖에 없는 경우도 있기 때문에 그것을 잘 살펴서 자기에게 가장 적합한 방식을 선택하는 것이 좋다.

I. 자필증서에 의한 유언

1. 작성 방법

자필증서유언은 유언자 본인이 유언서 전문을 직접 작성하는 것이다.

다른 유언과 달리 증인이 필요 없다.(민1066)

이 방식은,

① 유언서 전문을 유언자가 직접 쓰고

② 유언서의 작성일자(연월일)를 직접 쓰고

③ 유언자의 성명과 주소를 직접 쓰고

④ 날인을 해야 한다.(무인, 즉 손도장을 찍은 경우는 유효하다.)

2. 효력이 없는 자필증서유언의 예

(1) 실제 일어난 사건에서 판례를 중심으로 볼 때 다음과 같이 작성한 자필증서유언은 효력이 없다.

① 타인이 대필한 경우

② 컴퓨터로 작성한 경우

③ 원본이 아닌 복사본에 날인한 경우

■ 유언의 엄격한 요식성에 근거할 때 유언자가 날인하여야 할 문서는 문서의 원본이지 복사본에 날인하는 것은 자필증서에 의한 유언으로 유효하지 않다.(제주지법 2008. 4. 23. 선고 2007가단22957, 27419)

④ 예컨대 "2015년 10월"과 같이 작성연월일을 모두 기재하지 않은 경우

유언 : 남은 이들을 위한 사랑의 편지

■ 자필유언증서에 작성의 年, 月만 기재되어 있고 日字의 기재가 없다면 그 유언증서는 작성일을 특정할 수 없기 때문에 효력이 없다.

⑤ 주소 기재가 없는 경우

■ 자필유언증서에 주소를 자서하지 않은 경우에는 설령 다른 요건을 모두 갖추었고, 유언자의 특정에 아무런 지장이 없다고 하더라도 법정된 요건과 방식에 어긋난 유언으로서 그 효력을 부정할 수밖에 없다.

■ 연월일과 주소가 기재되어 있지 않은 자필유언장은 효력이 없다.(서울고법 1999. 3. 9. 선고 97나56848,56855)

■ 위 유언장에는 무엇을 누구에게 각 유증한다는 내용이 기재되어 있고, 그 말미에는 1999년 10월 이름 ○○○" 이라고 기재되어 있으며, 위 ○○○의 무인이 간인되어 있으나, 주소와 일자는 기재되어 있지 아니하므로, 위 유언장은 유언으로서 그 효력이 없고, 따라서 위 ○○○의 유언에 의한 유증 또한 그 효력이 없다.(대전고등2002나6157)

⑥ 유언자의 날인이 없는 경우

■ "전 재산을 ○○대학교에 기부한다"는 자필 유언장에 고인의 날인이나 손도장이 찍혀 있지 않은 경우에, 그것이 유

언자의 진정한 의사에 합치하더라도 유언자의 날인이 없는 유언장은 무효이다. (대법원2006.9.8. 2006다25103, 25110)

■ 헌법재판소는 자필증서에 의한 유언에 있어 '주소의 자서'와 '날인'을 유효요건으로 규정한 민법조항은 합헌이라고 결정하였다. (헌재2008.12.26.결정 2007헌바128)

(2) 이에 반하여 다음의 자필증서유언은 유효하다.

① 자필증서에 의한 유언은, 주소를 쓴 자리가 반드시 유언 전문 및 성명이 기재된 지편이어야 하는 것은 아니고 유언서의 일부로 볼 수 있는 이상 그 전문을 담은 봉투에 기재하더라도 무방하며, 날인은 인장 대신에 무인에 의한 경우에도 유효하다.

② 봉투에 유언자의 주소를 자서하고 유언 전문 말미에 무인으로 날인하였으며, 오기 부분을 정정하면서 날인하지 아니한 자필증서에 의한 유언이 유효하다.

유언 : 남은 이들을 위한 사랑의 편지

3. 참고사항

■ 자필증서유언은 다른 사람이 대서 또는 대필하면, 그것이 설사 유언자의 진술을 그대로 기재한 것이라고 하더라도 무효이다. 처나 자녀라 하더라도 대필할 수 없다. 또 타자기나 컴퓨터를 사용하여 작성된 것도 무효이다. 또 전자복사기를 이용하여 작성한 복사본은 안 된다.(대법원 1998. 6. 12. 97다 38510)

유언서에 기재하는 성명은 호적상의 것일 필요는 없고, 통칭·아호·예명 등으로 누구라는 것을 특정할 수 있는 것이면 유효하다고 본다.

날인하는 인장은 인감 등록된 인감이어야 하는 것은 아니고, 소위 손도장(무인)이라도 상관없다.

유언서 전문을 쓰는 데 용지가 여러 장 소요된 때에 철을 하거나 간인을 하는 것이 법적인 유효 요건은 아니다. 그러나 한 통의 유언서임을 분명히 해 놓기 위해서는 편철과 간인을 해 놓는 것이 좋다.

4.유언장 내용의 변경

■ 자필증서 유언장에 문자를 삽입 또는 삭제하거나 변경을 하려면, 즉 간단한 잘못이 있어서 정정을 하고자 할 때에는, 유언자가 이를 직접 쓰고 정정을 한 곳에 날인하면 된다.(민1066②)

정정을 하였다는 뜻을 부기할 필요는 없다.

■ 증서의 기재 자체로 보아서 명백한 오기를 정정한 것에 지나지 않는 경우에는 설령 그 정정 부분에 날인을 하지 않았다고 하더라도 유언의 효력에 영향이 없다.(대법원 1998. 6. 12. 97다38510)

5.검인

■ 자필증서 유언자가 사망했을 때 자필증서를 보관한 사람 또는 이를 발견한 사람은 바로 가정법원에 제출하여 그 검인을 받아야 한다.(민1091)

6. 유언서를 봉투에 보관하는 경우

유언서를 봉투에 넣어서 봉인을 해둬야 할 필요는 없다. 즉 유언서만 작성해 놓으면 되지 꼭 봉투에 넣어야 하는 것은 아니다. 수첩에 유언을 기재해 놓아도 법으로 정한 요건과 방식을 갖추고 있다면 효력이 있을 것이다.

다만 상속인들 간에 다툼의 소지를 없애기 위해서는 봉투에 넣어서 봉인을 한 후 표면에「개봉을 하지 말고 유언자 사후에 지체 없이 법원에 제출하여 검인을 받을 것」등의 기재를 해 놓는 것이 바람직하다. 일반인은 통상 유언서를 법원에 제출하여 검인 절차를 밟아야 된다는 사실을 잘 모르기 때문에 이 점을 분명히 해 두는 것이 좋을 것이다.

7. 장단점

자필증서유언은 누구나 언제라도 작성할 수 있으며, 작성 비용이 들지 않고, 유언서의 내용을 비밀에 부칠 수 있다는 장점이 있다.

그러나 다음과 같은 문제점이 있으므로 주의해야 한다.

① 유언서가 분실이나 멸실, 위조 또는 변조될 우려가 있다.

② 앞서 본 방식에 위배되어서 유언이 무효로 되거나 내용이 불분명하여 다툼이 생길 가능성이 있다.

③ 집행 시 검인 절차가 필요하다.

 8. 자필증서유언의 작성 예시

유 언 서

유언자 김이박은 다음과 같이 유언한다.

1. 유언자는 다음의 재산을 처 ○○○에게 유증한다.

(1) 서울 강남구 삼성동 ○○번지 대 100㎡

(2) 동소 동번지 소재 단층건물 50㎡

(3) 위 가옥내에 있는 가재도구 등 모든 동산

(4) 유언자가 ○○은행 ○○지점에 가지고 있는 예금채권

유언 : 남은 이들을 위한 사랑의 편지

전부

　2. 유언자는 다음의 재산을 장남 ○○○에게 유증한다.

　(1) 충청북도 충주시 ㅇㅇ동 ㅇㅇ번지 임야 3000㎡

　(2) ㅇㅇ주식회사의 주식전부

　3. 장남 ○○○는 나의 사후에 우리 부부의 산소를 잘 관리해 주기 바란다.

　4. 유언자는 심폐소생술, 인공호흡기 착용 등 생명을 연장하기 위한 일체의 연명치료를 원하지 않는다.

　5. 이 유언의 유언집행자로 변호사 ○○○(주소 : ㅇㅇ시 ㅇㅇ동 ㅇㅇ번지, 주민등록번호 기재)를 지정한다.

　　　　　작성일자 : 2017년 ㅇ월 ㅇ일

　　　　　유언자 : 김이박 (주민등록번호 :　　　)

　　　　　주소 : ㅇㅇ시 ㅇㅇ길 ㅇㅇ

※　① 모든 것을 자필로 작성해야 함.

　　② 연명치료에 관하여는 '웰다잉법'이라고도 불리는 '호스피스·완화의료 및 임종과정에 있는 환자의 연명의료 결정에 관한 법률' 참조 요.

II. 녹음에 의한 유언

 1. 작성 방법

유언자가 육성으로 유언의 내용을 녹음함으로써 성립하는 유언이다.(민1067)

이 방식은,

① 유언자가 육성(목소리)으로 유언의 취지, 유언자의 성명과 연월일을 말하고,

② 참여한 증인이 그 유언이 정확하다는 것과 자기의 성명을 말하여,

③ 그것을 녹음하는 것이다.

 2. 참고사항

증인이 1명 이상 참여해야 한다.

녹음의 방법은, 테이프레코더(녹음기)로 음향만 녹음해도 되고 비디오카메라 등으로 영상까지 기록하는 녹화의 방식

유언 : 남은 이들을 위한 사랑의 편지

으로 해도 될 것이다. 스마트폰에 의한 녹화 또는 녹음도 가능할 것이다.

3. 장단점

　녹음유언은 다섯 가지 유언방식 중에서 가장 간편하게 유언할 수 있다는 장점이 있다. 그러나 녹음은 기술적으로 위조·변조가 쉽고, 변질의 우려가 높고, 녹음된 것이 지워져 버릴 수 있는 등 보관상 어려움이 있고, 분실의 가능성도 있다. 그래서 아주 급박한 경우는 몰라도 평상시에 하는 유언의 방식으로는 권할 만한 것이 못 된다. 그렇지만 스마트폰의 일반화로 녹음에 의한 유언이 많이 활용될 분위기가 형성되었다.

4. 녹음유언의 예

　유언자가 증인 홍길동 등이 있는 자리에서, "본인(유언자) 김이박은 아내 A와 자녀들인 B, C, D가 모두 법정상속지분대로 재산을 나눌 것을 유언한다. 유언자 김이박 2017년 ○월 ○일." 이라고 말하고, 곧 이어서 "유언자 김이박이 정확하게 올바른 상태에서 재산을 상속인들이 모두 상속지분대로 나누도록 유언하였음. 증인 홍길동. 2017년 ○월 ○일." 이라고 유언자와 참여한 증인이 각각 말하고 이를 모두 녹음하는 것이다.

■ 녹음을 보관한 사람 또는 이를 발견한 사람은 유언자가 사망 후 바로 가정법원에 제출하여 그 검인을 받아야 한다.(민1091)

III. 공정증서유언

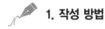 **1. 작성 방법**

공정증서유언은 유언자가 법률전문가인 공증인에게 의뢰하여 작성하는 유언이다.(민1068)

이 방식은

① 증인 2인이 꼭 참여해야 하고

② 유언자가 공증인 앞에서 유언의 취지를 말(구수, 口授)하고

③ 공증인이 유언자가 말한 유언의 취지를 필기하여 유언자와 증인에게 낭독하고

④ 유언자와 증인이 필기가 정확함을 승인한 후 각자 서명 또는 기명날인하고

⑤ 공증인은 위와 같은 방식에 의해 유언서가 작성되었다는 것을 유언서에 부기하고 서명 날인한다.

 2. 판례로 본, 효력이 없는 공정증서유언의 예

(1) 실제 일어난 사건에서 판례는 다음과 같은 공정증서유언은 효력이 없다고 한다.

■ 공증인이 참석하지 않은 상황에서 증인들과 유언자의 서명을 따로 받는 경우

■ 유언공정증서를 작성할 당시에 유언자가 반혼수상태, 불완전한 의식 상태 또는 자신의 의사를 제대로 말로 표현할

수 없는 상태에서 공증인으로부터 유언내용을 듣고 고개만 끄덕거린다거나 '음' 정도의 답변을 한 경우

■ 병원 중환자실에 입원 중이던 유언자에게 가서, 공증인이 유언을 필기낭독하고 유언자와 증인으로부터 그 정확성의 승인을 받은 후 공정증서에 서명 또는 기명날인을 받는 절차를 생략한 채, 다른 사람이 사지가 마비된 유언자의 손을 잡고 공정증서 말미용지에 서명과 날인을 하게 한 경우

■ 망인이 『망인은 무슨 부동산을 ○○○에게만 유증한다』는 내용으로 타자된 유언장에 대하여, 공증사무실에서 인증을 받은 사실이 인정되나 위 유언장은 증인 2명의 참여가 없고 자서된 것도 아니어서 공정증서에 의한 유언이나 자필증서에 의한 유언의 방식이 결여되어 있으므로 유언으로서의 효력을 발생할 수 없다.

(2) 이에 반하여, 판례는 다음의 공정증서유언은 유효하다고 한다.

■ 유언공정증서의 작성 과정이 민법 규정과 반대의 순서로 된 경우, 즉 공증인이 유언자의 의사에 따라 먼저 유언의 취지를 작성한 후 그 서면에 따라 유언자에게 질문을 하여 유

유언 : 남은 이들을 위한 사랑의 편지

언자의 진의를 확인한 다음 필기된 서면을 낭독해 준 경우에, 유언자가 당시 의식이 명료했다면 유언장의 효력은 있다.(대법원2007.10.25. 2007다51550(본소), 51567(반소)

■ 치매를 앓던 노인의 유언장이라도 유언내용을 이해할 수 있는 상태에서 작성됐다면 유효하다.

공증인이 유언자의 의사에 따라 유언 취지를 작성한 다음 서면에 따라 유증 대상과 수유자에 관해 유언자에게 질문을 하고, 이에 유언자가 답변을 한 경우 유언의 내용과 경위 등을 볼 때 유언 취지가 유언자의 진정한 의사에 의한 것으로 인정할 수 있다면 그 유언장은 유효하다. 유언자의 치매는 호전과 악화가 반복되는 혈관성 치매였고, '그렇다', '아니다' 정도의 간단한 의사표현은 할 수 있었던 상태였음을 볼 때 유언이 불가능한 상태였다고 볼 수 없다.

■ 공증인이 병상에 누워있는 유언자에게 유언내용을 낭독한 뒤 유언자의 동의를 받아 유언자 대신 자신이 유언장에 대리서명을 했어도 유언자가 유언내용을 충분히 이해할 수 있는 의사능력이 있는 상태에서 동의를 했다면 유언공정증서

는 효력이 있다.

3. 참고사항

공정증서유언은 유언자가 증인 2명과 함께 공증인 사무소에 가서 작성하는 게 보통이다. 그러나 유언자가 병상에 누워 있는 경우 등에는 공증인으로 하여금 자택이나 병원 등에 출장을 오게 하여 작성할 수도 있다(소위 출장공증의 경우에는 출장료가 별도로 붙고, 야간이나 휴일에는 수수료가 할증된다).

출장 공증을 할 때, 공증인은 「2016. 10. 19. 서울 성북구 인촌로 ○○소재 ○○병원 5호실에서, 증인 홍길동, 길동홍이 참석한 가운데 유언자로부터 아래와 같은 취지의 유언을 청취하였다.」고 기재하고 그 아래에 「유언의 취지」라는 제목 하에 유언의 내용을 기재하는 유언공정증서를 작성한다.

물론, 유언자는 언제든지 유언 공증한 내용을 수정하거나 철회할 수 있다. 이 때 자필증서 등으로 수정이나 철회해도 무방하다. 앞서 한 유언을 수정하거나 철회하는 것도 공정증서유언으로 하면 분쟁의 소지를 없앨 수 있을 것이다.

4. 장단점

① 공정증서유언은 원본이 공증인 사무소에 보관되기 때문에 위조·변조·분실 등의 우려가 없다. 공정증서유언 원본은 공증인 사무소에 20년간 보존되며, 정본이나 등본은 유언자, 대리인, 승계인, 이해관계인의 청구가 있으면 발급된다.

② 상속개시 후에 검인 절차를 거치지 않고 바로 유언의 집행을 할 수 있어서 집행 절차가 간이하다.

③ 글씨를 모르는 사람이라도 유언할 수 있고, 방식이 잘못되어 무효로 될 염려가 거의 없는 등 유언의 효력을 가장 확실하게 실현할 수 있는 방법이다.

④ 다만, 비용이 들고 증인이 비밀을 지키지 않으면 유언내용이 누설될 수 있다는 단점이 있다.

IV. 비밀증서유언

1. 작성 방법

비밀증서유언은 유언의 내용을 아무에게도 알리지 않고 비밀로 해두는 것이다.(민1069)

이 방식은

① 유언의 취지를 적고 그 필자의 성명을 기재한 증서를 작성하고

② 유언자는 그 증서를 봉투나 봉지에 넣어서, 개봉할 수 없도록 굳게 봉한 후(엄봉 嚴封), 봉한 곳에 도장을 찍고(날인)

③ 유언자가 2인 이상의 증인 앞에 봉서를 제출하여 자기의 유언서임을 표시한 후 그 봉서표면에 제출연월일을 기재하고, 유언자와 증인이 각자 서명 또는 기명날인하고

④ 표면에 기재된 제출연월일로부터 5일 이내에 유언봉서(封書)를 공증인 또는 법원서기에게 제출하여 그 봉인 위에 확정 일자인을 받아야 한다.

2. 참고사항 - 비밀증서유언의 전환

■ 자필증서와 달리 유언자가 직접 쓰지 않아도 되나, 타인이 쓴 경우에는 유언장에 필기자의 성명을 반드시 기재하여야 한다.

증서에 작성연월일, 주소의 기재는 없어도 무방하나, 기재하는 것이 좋을 것이다.

■ 비밀증서유언은 유언의 내용이 공개되지 않으므로 비밀로 하기를 원하는 경우에 이용할 수 있다. 그러나 유언이 있다는 사실까지 비밀로 할 수는 없다.

비밀증서유언은 그 방식이 복잡하여 무효가 되기 쉬운데, 그렇더라도 그 증서가 자필증서의 방식에 적합한 때에는 자필증서에 의한 유언으로서의 효력이 인정된다. 이를 「비밀증서유언의 전환」이라 한다.(민1071)

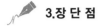

3.장 단 점

비밀증서유언은 내용의 비밀이 보장되고 변조나 위조의
위험성이 없다는 장점이 있다. 그러나 절차가 복잡하고 검인
이 필요하며, 더 나아가서 보관은 유언자가 해야 하기 때문에
유언서가 파기·분실될 우려가 있고, 유언내용이 불명확하면
다툼의 여지가 있다.

4. 비밀증서유언서 봉투의 기재 예시

비 밀 증 서 유 언

○○○의 유언서

유언자 ○○○는 증인 ◎◎◎, 증인 △△△의 면전에서 이
봉서를 제출하여, 이것이 ○○○의 유언서이며, 필기자가 ◇
◇◇(주소 : ○○시 ○○구 ○○길 ○○번지, 주민등록번호 기

재)라고 진술하였다.

제출일 : ○○○7년 10월 10일, 유언자의 집에서

유언자 : 성명 ○○○ (주소, 주민등록번호)

증인 : 성명 ◎◎◎ (주소, 주민등록번호)

증인 : 성명 △△△ (주소, 주민등록번호)

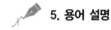
5. 용어 설명

■ 엄봉 · 날인

봉투에 넣거나 봉지로 싸서 열어볼 수 없도록 풀 등으로 단단히 붙이고, 붙인 자리에 도장을 찍는 것. 약해서 봉인(封印)이라고도 함.(도장은 인감이어야 하는 것은 아니나 봉서에 사용된 것과 같은 것이어야 한다.)

■ 봉서

유언 증서를 봉투나 봉지에 넣고 봉한 것.

V. 구수증서유언

1. 작성 방법

구수증서에 의한 유언은 급박한 사유로 인하여 앞의 네 가지 방식에 의한 유언을 할 수 없는 경우에 작성하는 특별한 방식의 유언이다.(민1070)

이 방식은

① 급박한 사유(예, 질병·사고 등으로 위독하거나 사망의 위험에 닥친 경우)

가 있어서 앞의 네 가지 방식의 유언을 할 수 없는 경우에

② 2인 이상의 증인이 참여하여

③ 유언자가 증인 중의 1인에게 유언의 취지를 구수(口授, 말로써 뜻을 전달하는 것)하고

④ 구수를 받은 증인이 이를 필기하고 유언자와 다른 증인에게 낭독하여

그 필기가 정확함을 승인한 후 각자 서명 또는 기명날인하고(필기는 육필일 필요는 없고 타이핑한 것도 상관없다.)

⑤ 증인 또는 이해관계인(예 상속인, 수증자, 유언집행자 등)이

유언 : 남은 이들을 위한 사랑의 편지

급박한 사정이 종료한 날로부터 7일 이내에 가정법원에 그 검인을 신청하여야 한다.

 2. 판례로 본, 효력이 없는 구수증서유언의 예

실제 일어난 사건에서 판례는 다음과 같은 구수증서유언은 효력이 없다고 한다.

① 유언자는 입원치료 중 가족들에게 유언을 하겠다는 의사를 밝혀서, 변호사 3인을 사실상 입회시킨 가운데 구수증서에 의한 유언을 하게 되었는데, 당시 망인의 정신 상태는 비교적 양호하였으나 병세의 악화로 기력이 쇠진하여 간단한 외마디 말이나 손동작으로 자신의 의사를 표시하는 외에 유언의 전체 취지를 스스로 구술하거나 녹음하는 것은 기대하기 어려워서 구수증서에 의한 유언을 하기로 하고, 입회 변호사들 가운데 한 사람이 병실에 있던 가족 등으로부터 전해 들은 망인의 유언 취지를 확인하여 물어보면 "음", "어" 하는 소리와 함께 고개를 끄덕여 동의를 표시

하거나 아주 간단한 말로 "맞다" 는 대답을 하고, 증인은 위와 같이 망인의 대답으로 확인된 유언의 취지를 필기하여 이 사건 유언서로 작성한 후 이를 낭독하였고, 유언자와 다른 증인들은 그 내용을 확인한 후 직접 각자 서명·무인하였는데, 유언자는 유언서를 작성한 이틀 후에 사망한 사건에서, "유언 취지의 구수라 함은 말로써 유언의 내용을 상대방에게 전달하는 것을 뜻하는 것이므로, 증인이 제3자에 의하여 미리 작성된, 유언의 취지가 적혀 있는 서면에 따라 유언자에게 질문을 하고 유언자가 동작이나 간략한 답변으로 긍정하는 방식은, 민법 제1070조 소정의 유언취지의 구수에 해당한다고 볼 수 없다." (대법원 2006.03.09. 선고 2005다57899)

② 자필증서·녹음·공정증서 및 비밀증서의 방식에 의한 유언이 객관적으로 가능한 경우, 구수증서에 의한 유언은 허용되지 않는다. 유언 당시 유언자 스스로 사망의 급박한 위험을 자각하고 있지 않았을 뿐만 아니라 구수증서에 의한 유언 이외에 녹음 또는 공정증서에 의한 유언 등을 할 수 있었던 것으로 보여지므로, 구수증서에 의한 유언의 방식으로 이루어진 이 사건 유언은 그 효력이 인정되지 않는다. (대법원 1999.

9. 3. 선고 98다17800)

③ 유언자가 입원한 병원에서 자기 회사의 직원 2명을 참석하게 하여 한 사람으로 하여금 유언을 받아쓰게 하여 유언서를 작성한 사건에서, 유언자의 질병으로 인하여 구수증서의 방식으로 유언을 한 경우에 특별한 사정이 없는 한 그 유언이 있은 날에 급박한 사유가 종료하였다고 하겠으므로, 유언이 있은 날로부터 7일 이내에 그 검인신청을 하지 않았으면 그 유언은 효력이 없다. (대법원 1994.11.03. 자 94스16유언검인)

3. 참고사항

① 이 유언방식은 위급할 때 하는 특별 방식으로서 다른 네 가지에 비하여 간이한 방식이다.

구수증서에 의한 유언은 민법상 유언의 보통 방식의 하나로 규정되어 있으나 그 실질에 있어서는 다른 방식의 유언과는 다르므로 유언 요건을 완화하여 해석하여야 한다는 판례가 있다. (대법원 1977.11.8. 76므15)

② 구수증서에 의한 유언의 경우는 자필증서유언 등 보통 방식의 유언에서 요구되는 작성일자의 기재가 법문상 요구되고 있지 않다.

③ 피성년후견인은 그 의사능력이 회복된 상태라면 구수증서에 의한 유언을 할 수 있다. 그러나 의사의 참여가 거의 불가능한 상황일 경우가 많을 것이므로, 다른 유언방식과 달리, 의사가 심신회복의 상태를 유언서에 부기할 필요는 없다.(민1070③)

4. 유언의 검인

구수증서에 의한 유언은, 유언만 가지고는 효력이 없고 반드시 법원의 검인을 받아야만 유언으로 성립되어 그 효력이 발생한다.

특별한 사정이 없는 한 유언이 있은 날로부터 7일 이내에, 유언자의 주소지(유언자가 생존시) 또는 상속개시지의 가정법원(가사소송법제44호제7호)에 검인 신청을 해야 한다.

유언 검인은 심판으로「유언자 ○○○은 ○년 ○월 ○일 별지와 같은 내용의 유언을 하였음을 검인한다(또는 확인한다).」
는 주문으로 나가며, 별지로 구수증서의 사본을 첨부한다.

 5. 구수증서유언의 작성 예

유언자 ○○○(주소, 주민등록번호)는 ○○시 소재 ○○병원에서 입원치료 중 위독하여 임종이 가까워 있기 때문에 ○○년 ○월 ○일 ○시 ○분에 위 병원에서 아래 증인이 참여한 가운데 증인 ◎◎◎에게 다음과 같이 유언의 취지를 구술하였다.

1. 처 A에게 ○○시 ○○동 ○○소재 전○○평을 상속한다.

2. 장남 B에게 ○○은행 ○○지점의 정기예금 ○○만원을 모두 상속한다.

3. 차남 C에게 나머지 예금과 동산일체를 상속한다.

4. 평소 심사숙고한대로 상속하는 바이니 그대로 받아들이고 어머니를 잘모시고 우애롭게 살기 바란다.

5. 유언집행자로 △△△(주소:)를 지정한다.

증인 ◎◎◎는, 위와 같은 취지의 유언자의 말을 전달받아 필기하고 유언자 및 다른 증인에게 낭독한 바, 모두 그 필기가 정확함을 승인하므로, 다음과 같이 각각 서명 날인한다.

　　　　유언자 : ○○○

　　　　증인(필기자) : ◎◎◎　(주민등록번호, 주소)

　　　　증인 : △△△　(주민등록번호, 주소)

　　　　　　　　　　　　　　　　○○년 ○월 ○일

VI. 어떤 방식으로 유언하는 것이 좋은가

　통상의 생활을 할 때 어떤 방식으로 유언을 할 것인가는 유언자가 각각의 장단점을 고려하여 자유롭게 선택할 수 있다.(구수방식은 위급할 때만 가능하다.)

　자필증서유언은 다른 사람 없이 혼자서 언제 어디서나 자유로이 할 수 있어서 좋다. 그러나 후에 정말로 유언자가 작

　　　　　　　　　　　　유언 : 남은 이들을 위한 사랑의 편지

성한 것인지에 관하여 다툼이 생길 여지가 있다.

이에 반하여 공정증서유언은 비용이 드는 부담이 있으나 검인이 필요 없고 유언의 효력을 신뢰할 수 있는 가장 확실한 방식이다.

전에는 녹음유언, 비밀증서유언은 별로 이용되지 않았으나 앞으로는 녹음유언의 활용가능성이 높아질 것이다.

유언할 시기를 놓치는 경우

유언은 몸과 마음이 건강할 때 해 놓는 게 좋다. 갑자기 병원에 입원했다가 유언을 해야 되겠다는 생각이 들어서 유언을 했는데 그 유언장이 법에서 요구하는 요건을 갖추지 못해서 무효가 되는 사건들이 있다는 사실은 앞의 사례에서 본 바와 같다.

건강 상태가 갑자기 나빠져서 유언을 남기고 싶어도 유언을 남길 틈이 없는 경우도 꽤 있을 것이다. 호스피스들은 "중환자들에게 있어서 유언은 무슨 유언이에요?"라고 말한다.

유언방식의 비교

비교 항목 \ 유언의 방식	자필증서 유언	녹음 유언	공정증서 유언	비밀증서 유언	구수증서 유언
작성방법	유언자 본인이 전문을 직접 작성	유언자가 육성으로 유언의 내용을 녹음	공증인에게 의뢰하여 작성	유언내용을 비밀로 작성하고 엄봉함	급박한 경우에 하는 유언
증인	필요 없음	1명 이상 필요	2명 필요	2명 이상 필요	2명 이상 필요
비밀 여부	유언의 존재와 내용 모두를 비밀로 할 수 있다.	유언내용을 증인에게 알려야 한다.	유언내용을 증인에게 알려야 한다.	유언의 내용은 비밀로 할 수 있으나, 존재는 증인에게 알려야 한다.	유언내용을 증인에게 알려야 한다.
비용	들지 않는다.	들지 않는다.	공증수료가 든다.	약간 든다.	별로 들지 않는다.
검인 절차를 거쳐야하는지	사후에 거쳐야 한다.	사후에 거쳐야 한다.	필요 없다.	사후에 거쳐야 한다.	급박사유 종료일부터 7일 내에 검인 받는다.
위조·변조·분실의 가능성	많다	많다	없다	있다	있다

Chapter
04

유언신탁과
유언대용신탁

죽음을 기억하라.(Memento Mori)

_ 이는 삶을 가치 있게 살라는 말의

역설적인 표현이 아닐까요?

Ⅰ. 유언신탁

 1. 신탁과 유언신탁

신탁이란, 어떤 사람(신탁자)이 상대방(수탁자)에게, 수익자의 이익 또는 일정한 목적을 위해 쓰도록 재산권을 이전하거나 그 밖의 처분을 하고, 수탁자는 이에 따라 그 재산을 관리, 처분, 운용 등을 하는 법률관계를 말한다.

이러한 신탁은 보통 신탁자와 수탁자와의 계약에 의하여 설정된다.

그런데, 위탁자의 유언에 의하여 신탁을 설정할 수도 있는데, 이를 유언신탁이라고 한다.

 2. 유언에 의한 신탁의 설정

유언신탁은 위탁자의 사후에 신탁이 설정되고 효력을 발생한다. 이것은 유언의 방식으로 이루어지기 때문에, 앞에서 본 유언에 관한 설명이 그대로 적용된다.

신탁을 할 때 그 목적은, 개인의 이익을 목적으로 할 수도 있고, 종교, 자선, 학술 등의 공익을 목적으로 할 수도 있다.

여기서는 주로 가족에 대한 자산승계 목적으로 이루어지는 신탁을 중심으로 본다.

 3. 유언신탁의 구체적인 사례

미성년자나 장애인인 자녀를 둔 부모는 자기 사후에 그 자녀를 누가 돌볼까, 얼마나 안전하게 재산을 물려줄 수 있을까 하는 점이 걱정된다. 이러한 자녀의 부양이나 그에게 물려줄 재산을 관리해야 할 필요성이 있을 때, 신탁이 해결방안 중의 하나가 될 수 있다.

유언으로 신탁을 설정해 두면 유언자가 사망하더라도 미성년자가 성년이 될 때까지 재산을 보전할 수 있다. 많은 재산을 상속받은 자녀가 그 재산을 흥청망청 써 버리면 어쩌나 걱정될 때, 또는 장애가 심하여 그냥 재산을 물려주기가 안심이 되지 않을 때도 신탁을 고려해 볼 만하다.

위탁자가 정신이 온전할 때 유언신탁을 해 두면 그 후 의사능력을 상실하더라도 신탁의 효력은 존속된다.

─────※◁○▷※─────

유 언 서

유언자 ○○○는 다음과 같이 유언한다.

1. 장남 B에게 별지에 적은 부동산을 유증한다.

2. 딸인 C는 미성년자여서 그의 후견인으로 Z(주민등록번호)를 지정한다.

3. 미성년자인 C의 재산관리 및 생활비 지급을 위하여, 다음과 같이 신탁한다.

 (1) 수탁자 : ○○은행

 (2) 수익자 : C

 (3) 신탁기간 : 15년

 (4) 수익금의 지급방법 : 수익자의 예금구좌(후견인이 관리함)로, 매월 25일에, 금 ○십만원씩을 입금한다. 신탁재산의 수익이 있으면 그 수익에서 지급하고, 만약 금액이 부족하면 원금에서 지급한다.

 (5) 이 신탁이 종료되면, 신탁한 재산은 수익자인 C에게 귀

속한다.

　(6) 신탁재산 : 금 ○억원

　4. 유언집행자로 △△△를 지정한다.

　　　　　　　　○○○7년 ○월 ○일

　　　　　　　　유언자 ○○○ (주민등록번호 기재)

　　　　　　　　주소 기재

 4. 금융상품과는 구별된다

　유언신탁은 금융기관에서 영업으로 취급하는 유언 관련
업무, 즉 유언자의 뜻에 따라 유언장을 작성하고 보관하고 유
언자 사망 후 유언내용을 집행하는 등 모든 업무를 대행하는
금융상품을 지칭하기도 한다. 그러나 이것은 본래의 의미에
서의 유언신탁이라고는 할 수 없는 것이므로, 엄격히는 구별
할 필요가 있다.

　　　　　　　　유언 : 남은 이들을 위한 사랑의 편지

II. 유언대용신탁

 1. 유언대용신탁이란

유언대용신탁은 신탁법(59, 60조)에서 2012. 7. 26.부터 시행된 제도로서,「유언을 대신하여 사용되는 신탁」이라고 말할 수 있다. 그 용어에서 느껴지듯이, 이것은 재산의 승계자(수익자)를 지정하는 것 같이, 유언과 비슷한 기능을 가지고 상속 대체수단으로 활용될 수 있다.

유언대용신탁은 생전에 계약으로 신탁을 설정하는 것이다. 그래서 유언의 방식을 갖출 필요가 없고 또 유언의 법리가 적용되지 않는다는 점에서 유언(또는 유언신탁)과 차이가 있다.

 2. 유언대용신탁의 유용성

유언대용신탁은 유언자가 생전에 신탁을 설정하여 제3자에게 안전하게 재산의 관리를 맡기고 사후에는 재산의 분배

를 본인이 원하는 대로 정할 수 있다는 점에서 활용가치가
있다.

3. 구체적 사례

    신탁의 목적은 다양하므로 신탁 목적에 따라 여러 가지 내
용이 가능하지만, 여기서는 신탁법에서 정한 유형에 따라 상
속, 유언과 관련하여 간단한 사례를 설정한다.

    ① 위탁자(유언자)가, 자기 생전에는 자기를 수익자로 정하
고, 자기가 사망한 후에는 신탁의 수익을 자기 아내인 A 또는
제3자에게 지급하도록 정하는 것

    ② 위탁자가, 신탁 설정 당시부터 수익자를 자기 아내인 A
로 정해 놓고, 자기가 사망하면 사망한 이후의 어느 시점부터
A에게 신탁 이익이 지급되도록 정하는 것

    위의 어느 경우에나, 신탁행위로 다르게 정해놓지 않았으
면, 위탁자는 생존한 동안 언제든지 수익자를 변경할 권리가
있다.

4. 수익자연속신탁

(1) 위탁자는 신탁을 할 때, 수익자가 순차적으로 연속되는 것으로 신탁을 설정할 수 있다. 이를 수익자연속신탁이라 한다.

(2) 원래 상속재산이 상속인이나 유증 받은 사람에게 이전되면 그것으로 소유자가 정해지고 상속 문제는 종결된다. 그래서 유언으로, 예컨대 「상속재산을 아내에게 주고, 아내가 사망하면 그 재산은 다시 아들 B에게 넘어간다.」는 내용의 유언장을 작성해 놓더라도, 그 유언은 효력이 없다.

그러나 위탁자의 입장에서는 자기 사망 후에도 신탁 재산의 관리처분권을 갖고 싶어 할 경우가 있어서, 비록 소유권은 아니지만, 수익권을 연속시키는 수익자연속신탁이 인정된 것이다.

이 제도는 사실상 새로운 상속 방식의 하나라고 볼 수 있다.

(3) 구체적 사례

① 위탁자가, 자기 생전에는 자기를 수익자로 정하고, 자기가 사망한 후에는 자기 아내인 A를 제2수익자로 정하고, 아내

A가 사망한 경우에는 장애가 있는 자녀인 B를 제3수익자로 정하는 것

② 위탁자가 아내인 A를 수익자로 지정하여 A가 생존해 있는 동안에는 A에게 수익권이 있고, A가 사망 후에는 A가 출산하지 않은 아들 B(A와 계모자관계임)에게 신탁 수익을 지급하도록 정하고, B가 사망한 이후에는 손자 G를 수익자로 지정하는 것

5. 주의점

유언대용신탁, 수익자연속신탁이 유류분을 침해할 때는 다툼의 소지가 있다. 또 이 제도와 관련한 세제가 정비되어 있지 않아, 세금 문제를 주의깊게 살필 필요가 있다.

유언 : 남은 이들을 위한 사랑의 편지

Chapter 05

유언자가 사망한 후의
진행절차

어리석은 부모는 재산을 남기고,

양식 있는 부모는 지식을 남기고,

지혜로운 부모는 신앙을 유산으로 남긴다.

♦ 탈무드

Ⅰ. 유언서의 보관자나 발견자가 할 일

 1. 가정법원에서 유언서의 검인을 받아야 한다

(1) 검인 및 개봉

유언서의 보관자 또는 발견자는 유언자가 사망한 후에 지체 없이, 봉인된 그대로, 이것을 가정법원에 제출하여 검인을 받아야 한다.(민1091) 여기서 말하는 검인 절차는 자필증서유언, 녹음유언, 비밀증서유언의 경우에 거치는 절차다. 이 때 「유언검인조서」를 작성한다.

유언서가 봉인되어 있는 경우에는 법원에서 상속인 등 이해관계인의 참여 하에 개봉한다.

이것은 유언의 집행 전에 유언서, 녹음의 형식과 기재 상태 등 유언의 방식에 관한 모든 사실을 조사, 확인하여 그 위조. 변조를 방지하고 보존을 확실히 하기 위한 절차다.

공정증서유언에는 별도의 검인 절차가 필요하지 않다.(민1091②)

구수증서유언은 앞서 본 바와 같이, 따로 검인 심판을 받아야 한다.(민1070②)

(2) 임의로 개봉하면 유언의 효력은

이 검인·개봉절차를 거치지 않았다 하더라도 유언의 효력에 어떤 영향을 미치는 것은 아니다.(대법원 1998. 6. 12. 97다 38510) 이 점은 구수증서유언의 경우에 검인을 받지 않으면 그 유언은 효력이 없어지게 되는 것과 대비된다.

법원을 통하지 않고 임의로 개봉해도 유언이 무효가 되는 게 아니라면 검인 절차 없이 개봉해도 되지 않겠느냐고 생각할 수 있겠지만, 그렇지 않다. 만약 다투는 사람이 있으면 유언서 개봉 전의 상태 등에 관하여 증거를 대야 하는데, 그것이 쉽지 않거나 아주 고생을 할 수 있다. 구태여 고생을 자초할 필요는 없는 것이다. 또 잘못하면 제대로 증거를 못 대어 손해 볼 수도 있다.

 ### 2. 만약 유언서를 위·변조, 파기, 은닉하면 어떻게 되나

상속인이 상속에 관한 유언서를 위조 변조 파기 또는 은닉하면 상속인의 자격을 잃게 되고(민1004 5호), 유증을 받을 수도 없다(민1064). 은닉한다는 것은 유언서의 소재를 불명하게 하여 그 발견을 방해하는 일체의 행위를 말한다.

이때 사문서 위·변조죄(형231), 위·변조 사문서 행사죄(형234) 등 형사 책임이 문제될 수 있다.

3. 판례

■ 단지 공동상속인들 사이에 그 내용이 널리 알려진 유언서에 관하여 피상속인이 사망한지 6개월이 경과한 시점에서 비로소 그 존재를 주장하였다고 하여 이를 두고 유언서의 은닉에 해당한다고 볼 수 없다.(대법원 1998. 6. 12. 97다38510)

II. 누가, 어떤 과정을 거쳐, 유언내용을 실현시키는가

1. 유언은 집행이 필요한 경우와 필요 없는 경우가 있다

유언내용 중에는 유언의 집행이라고 하여 그것을 실현시

키기 위하여 특별히 어떤 행위를 할 필요가 없는 것도 있고, 그 내용을 실현하기 위하여 어떤 행위가 필요한 것도 있다. 또 실현 행위가 필요한 경우에도 유언집행자 없이 상속인 자신이 집행해도 괜찮은 것이 있고(이 경우에 유언집행자가 행해도 괜찮음은 물론이다.), 어떤 것은 상속인은 할 수 없고 반드시 유언집행자만이 행해야 하는 것이 있다.

유언집행자는 유언의 집행이 필요한 경우에 그것을 행할 직무와 권한을 가진 사람을 말한다.

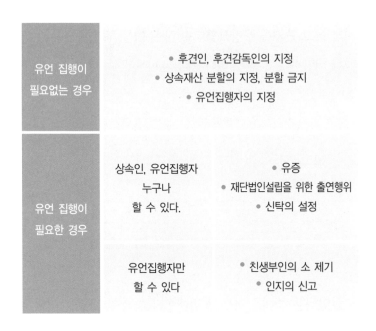

· 유언 : 남은 이들을 위한 사랑의 편지

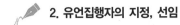

2. 유언집행자의 지정, 선임

(1)지정

유언자는 유언으로 유언집행자를 지정할 수 있다. 또 유언으로 유언집행자의 지정을 제3자에게 위탁할 수 있다.(민1093)

유언집행자의 지정을 위탁받은 사람은 지체 없이 유언집행자를 지정하거나 그 위탁을 사퇴할 수 있다.(민1094) 유언집행자로 지정된 사람은 유언자가 사망한 후에 지체 없이 그것을 받아들일 것인가 아니면 사퇴할 것인가를 상속인에게 통지하여야 한다.(민1097)

위와 같은 지정 유언집행자가 없는 경우, 즉 유언자가 유언집행자를 지정하지 않거나 그 지정을 제3자에게 위탁하지 않은 경우, 제3자에게 위탁했는데 그 제3자가 사퇴한 경우, 상속인 등의 최고를 받고도 최고 기간 내에 유언집행자 지정의 통고를 하지 않은 경우 등에는 상속인이 유언집행자가 된다.(민1095)

(2) 선임

유언집행자가 없거나 유언집행자가 사망, 결격, 임기 종료 전에 사퇴하거나 해임된 때 등에는, 가정법원이 이해관계인의 청구에 의하여 유언집행자를 선임한다.

 ## 3. 유언집행자가 될 수 없는 사람

제한능력자(즉 미성년자, 피한정후견인, 피성년후견인)와 파산자는 유언집행자가 되지 못한다.(민1098)

그 외의 사람은 누구든지 될 수 있다. 상속인, 수증자도 유언집행자가 될 수 있고, 법인도 유언집행자가 될 수 있다.

 ## 4. 유언집행자는 어떠한 일을 하는가

① 유언내용이 친생 부인인 때에는 친생 부인의 소를 제기해야 하고, 인지를 하는 것이면 호적신고를 한다.

② 유언내용이 유증 등 재산에 관한 것인 때에는 유언집행

유언 : 남은 이들을 위한 사랑의 편지

자는 지체 없이 재산 목록을 작성하여 상속인에게 교부하여
야 한다.(민1100①)

유언집행자는 상속재산의 관리 기타 유언의 집행에 필요
한 일체의 행위를 할 권리의무가 있다.(민1101) 따라서 필요하
면 유산을 매각할 권한도 있다고 해석된다.

③ 유언집행자는 재판상의 행위도 할 수 있고 재판 외의 행
위도 할 수 있으며, 권리의무의 범위 내에서 소송의 당사자가
될 수도 있다.

④ 유언집행자는 보수를 청구할 수 있으며, 유언 집행에 관
한 비용은 상속재산 중에서 지급한다.

⑤ 참고로, 유언집행자는 유언의 집행과정에서 유류분을
고려하면서 유언의 취지를 실현하되, 재산분쟁을 벌이는 상
속인들 사이에서 화해자의 역할을 할 수 있다.

 5. 유언집행자의 사퇴, 해임

유언집행자는 임무 종료 전이라도 정당한 사유가 있는 때
에는 가정법원의 허가를 얻어 사퇴할 수 있다.(민1105)

또 유언집행자에게 임무 해태나 적당하지 않은 사유가 있는 때 가정법원은 상속인이나 이해관계인의 청구가 있으면 유언집행자를 해임할 수 있고, 이때에는 새로운 유언집행자를 선임한다.(민1106, 1096①)

유언 : 남은 이들을 위한 사랑의 편지

Chapter
06

여러 가지 유언서의
문장 예시

My friends,

Love is better than anger.

Hope is better than fear.

Optimism is better than despair.

So let us be loving, hopeful and optimistic.

And we'll change the world.

＿친구들이여, 사랑은 분노보다 낫고,

희망은 두려움보다 낫고,

낙관은 절망보다 낫습니다.

그러니 우리 서로 사랑하고, 희망을 가집시다.

낙관적이 됩시다.

그러면 세상을 바꿀 수 있을 겁니다.

◆ 어느 정치인(Jack Layton)의 遺書 중에서

1. 자녀 사이의 유산을 달리 남겨주는 유언

유언이 없는 경우에는 자녀들 사이의 상속분은 평등하기 때문에 장남·차남·장녀·차녀 등이 결혼했는지의 여부를 가리지 않고 똑같이 상속받는다.

그러나 자녀에 대한 부모의 마음이 다를 수 있기 때문에 유산을 각각 다르게 남겨주고 싶으면 유언으로 증여를 하거나 상속재산의 분할방법을 정해야 한다. 다만, 이 경우에 상속인의 유류분을 침해하지 않도록 주의할 필요가 있다.

유언이 유류분을 침해했다고 해서 유언 자체가 무효로 되는 것은 아니고, 상속인들이 그대로 받아들이면 유언 그대로 유산이 귀속된다. 그러나 유류분을 침해당한 상속인이 감쇄청구권을 행사하여 소송을 제기하면 형제간에 다툼이 생길 수 있기 때문에 가능하면 유류분을 침해하지 않는 내용의 유언을 하는 것이 좋다.

이때 적게 상속받는 자녀의 마음이 상하지 않도록 상속분을 달리하는 이유라든가 부모의 입장, 심정 등을 밝혀 놓는 것도 필요할 것이다.

1. 유언자 ○○○는 별지목록의 부동산에 대하여 다음과
같이 각 상속인에게 유증한다.

- 처 △△△ : 3/10
- 장남 △△△ : 3/10　　• 차남 △△△ : 2/10
- 장녀 △△△ : 1/10　　• 차녀 □□□ : 1/10

　　2. 장남 △△△는 앞으로 어머니 △△△를 모시며 생활하
겠다고 하며 또 집안을 꾸려 나가기 때문에 다른 형제들보다
더 많은 몫을 준다.

 2. 한 아들에게 회사를 물려주는 유언

　(1) 회사를 소유하고 있는 사람의 경우에는 사후에 회사를
어떻게 할 것인가가 고민이 된다. 자녀가 여러 명 있을 때 회
사를 공동으로 소유·경영토록 할 것인지 또는 어느 특정의
자녀를 후계자로 지정할 것인지를 명백히 해두는 것이 필요
하다. 잘못하면 잘 성장 발전시켜 놓은 회사가, 상속인 간의

　　　　　　　　유언 : 남은 이들을 위한 사랑의 편지

싸움으로 파탄이 나버릴지도 모르기 때문이다.

만약 한 아들에게 회사를 물려줄 때에는 상속의 대상이 되는 주식 모두를 누구에게 상속시킨다는 유언을 해야 한다.

(2) 가업승계를 위한 유언

가업승계를 염두에 둔다면, 이는 상속이나 증여의 문제를 넘어 회사법과 조세법, 기업지배구조 등 전문적이고 복잡한 법률문제들이 얽혀 있을 수 있다.

경영권이나 자산의 승계·관리 문제는 입체적 관점에서 접근하는 것이 바람직하다. 회사법이나 가족법은 물론 (유언 대용) 신탁과 지배구조, 조세, 공정거래 등의 문제를 종합적으로 검토해 방향을 결정해야 한다.

───────

1. 유언자 ○○○는 유언자가 창립하여 번창시킨 ○○주식회사의 발전을 위하여 다음과 같이 유언한다.

(1) ○○주식회사의 후계자는 장남 ○○○로 지명한다. 장남 ○○○은 회사 사정을 잘 알고 있고 전문경영인으로서의

훈련도 받았으며 신실하므로 위 회사의 경영자로서 적격이라고 판단하여 이와 같이 정한 것이다.

그러므로 온 가족들은 본인의 결정에 따라 장남 ○○○를 잘 도와주기 바란다.

(2) 이에 유언자가 소유하는 위 회사의 주식은 모두 장남 ○○○에게 유증한다.

2. 차남 ○○○, 장녀 ○○○에게는 섭섭치 않게 다음과 같이 유증한다(내용 생략).

 ### 3. 전처 자녀와 후처 사이의 분쟁예방을 위한 유언

전처가 사망한 후 재혼을 한 경우 전처소생 자녀와 후처(계모)사이에는 법률상 친자 관계가 성립하지 아니한다. 그러므로 후처의 재산은 전처소생 자녀에게 상속되지 아니한다.

부친 사망 후 후처와 전처 자녀사이에서 재산을 둘러싼 분쟁이 일어날 가능성이 있다. 그러므로 이를 막기 위해서는 유언을 잘 해 놓아야 한다.

---

1. 망처 ○○○의 장남 B에게 별지목록기재 제1항 부동산을, 차남 C에게 위 제2항 기재 부동산을 유증한다.
2. 처 ○○○에게 위 제3항 기재 부동산을 유증한다.
(별지생략)

---

 4. 이혼을 앞두거나 사실상 남남으로 살고 있는 부부의 유언

장기간 따로 살아서 사실상 남이나 다름없지만 호적에는 부부로 남아 있는 경우나 이혼소송이 진행 중인 부부사이에도, 한 쪽이 사망할 경우 다른 쪽은 상속인이 되어 법정상속분을 상속받게 된다. 망인의 입장에서는 이런 결과가 억울하게 생각될 수 있지만 상속이란 호적상의 기재를 기준으로 함이 원칙이기 때문에 그렇게 되는 것이다.

그러므로 호적상 배우자에게 한 푼도 상속을 받지 못하게 하는 가장 확실한 방법은 이혼을 해서 호적을 정리하는 것이다.

만약 호적상 부부로 남아 있는 동안에 사망하게 될 상황이라면 유언을 꼭 해놓는 것이 좋다.

이때는 다음의 두 가지 방안 중 하나를 결정해야 한다. 하나는 다툼의 여지를 없애기 위해 유류분을 고려하여 유언내용을 정하는 것이고, 또 하나는 나중에 혹시 다툼이 생길 여지는 있지만 유류분을 아예 무시하고 아래와 같이 유언해 놓는 것인데 이 경우 사후에 다툼이 생길 여지(호적상 배우자는 유류분 청구를 할 수 있다.)가 있다는 걸 염두에 두어야 한다.

실제에 있어서는 애인 또는 현재 실제 동거하고 있는 사람에게 증여나 유증을 하는 경우가 적지 않을 것이다.

1.유언자의 재산 중 별지1목록 재산을 장남 B에게, 별지2목록 재산을 차남 C에게 유증한다.

2.처인 ○○○는 오래 전에 가출하여 소식이 없으며 사실상 남남으로 살고 있으므로 유언자의 재산을 하나도 나눠주지 않는다.

유언 : 남은 이들을 위한 사랑의 편지

[별지]

제1목록 : 1동의 건물의 표시

제2목록 :

1. 도자기 11점 : (1)조선청화백자화문호 1점 (이하생략)

2. 그림 3점 : (1)정물 (○○○作) 1점 (이하생략)

3. 서예 2점 : (1) 적벽가 (○○○書) 1점 (이하생략)

4. 목가구 1점 : 경기도 소형 반다지 1점 끝.

---

1. 장남 ○○○ 에게 다음의 재산을 유증한다(목록생략).

2. 차남 ○○○ 에게 다음의 재산을 유증한다(목록생략).

3. 처 ○○○ 에게 다음의 재산을 유증한다(목록생략).

4. ○○○ (현재 동거인)에게 다음의 재산을 유증한다(목록생략).

5. 조카 ○○○ 에게는, 자주 찾아와서 차마시고 이야기 나눌 때 갖고 싶어하던 찻그릇(○○○作, 정호다완) 1점과 1980년대 보이차 1통을 준다.

5. 이혼한 배우자와의 사이에 미성년 자녀가 있는 경우

　유언자(피상속인)가 사망하여 상속이 개시된 경우 통상은 친권자가 미성년자의 법정대리인으로서 상속 절차를 진행한다.

　그러나 법정대리인인 친권자와 그 자인 미성년자 사이에 서로 이해가 충돌하는 경우에는(예, 상속재산 협의분할, 미성년자 소유 부동산을 친권자에게 매도하는 경우 등), 친권자에게 친권의 공정한 행사를 기대하기 어려우므로 친권자의 대리권 및 동의권을 제한하여 법원이 선임한 특별대리인으로 하여금 이들 권리를 행사하게 한다.(민921)

　부부가 이혼하였고 부부 사이에서 출생한 미성년 자녀가 상속인이 되는 경우에, 이혼하면서 친권을 가지고 있던 부모 일방이 사망할 경우에 친권이 없던 다른 부 또는 모가 자동적으로 친권을 가지는 것으로 해석되던 종전의 민법 규정은 개정되었다.

　미성년자에게 친권을 행사하는 부모는 유언으로 미성년후견인을 지정할 수 있고, 또 유언으로 미성년후견감독인을 지정할 수 있도록 하여 2중적인 보호 장치를 두고 있다.

　　　　　　　　유언 : 남은 이들을 위한 사랑의 편지

지정된 미성년후견인이 없는 경우에는 가정법원은 직권으로 또는 미성년자, 친족, 이해관계인, 검사, 지방자치단체 장의 청구에 의하여 미성년후견인을 선임한다. 미성년후견인이 없게 된 경우에도 또한 같다.

유언으로 미성년후견인이나 미성년후견감독인을 지정할 때의 유언은 다음과 같이 하면 된다.

1. 유언자 ○○○는, 아래 사람을 미성년자인 유언자의 아들 B(주민등록번호)의 후견인으로 지정한다.
    아래
    이름 △△△ (주민등록번호, 전화번호 기재)
    주소 기재

2. 유언자 ○○○는, 아래 사람을 미성년자인 유언자의 아들 B(주민등록번호, 후견인은 앞에서 기재한 △△△임)의 미성년후견감독인으로 지정한다.
    아래
    이름 ▲▲▲ (주민등록번호, 전화번호 기재)
    주소 기재

6. 손자, 손녀에게 재산을 주는 유언

유언자에게 처와 자녀가 있으면 이들에게 상속권이 있기 때문에 손자, 손녀는 상속권이 없다. 이런 경우에 손자·손녀에게 상속재산의 일부를 남겨주고 싶을 때는 유언을 하면 된다.

예컨대, 아들은 낭비벽이 심하고 믿을 수 없어서 유산을 주고 싶지 않고 믿음직한 손자에게 직접 재산을 물려주어야겠다고 생각할 때에는 손자에게 유증을 하겠다는 유언을 할 수 있다.

자녀들에게 재산을 주더라도, 그와는 별도로 사랑하는 손자들에게 따로 재산을 나눠줄 수도 있다.

다만, 유류분 제도에 의하여 배우자나 자녀에게는 법정상속분의 1/2은 남겨주도록 되어 있는데 손자·손녀에게 그 이상을 물려주는 경우에는 다툼의 여지가 있다.

그러나 유류분을 침해하더라도 유언이 무효가 되는 건 아니므로 배우자나 자녀가 유언을 수긍하여 받아들이면 상관이 없다.

유언자의 자녀가 상속개시 전에 사망하거나 상속 결격자

가 된 경우에는, 그의 자녀인 유언자의 손자·손녀가 상속인
이 되는데, 이를 대습상속이라고 한다.

---

1. 유언자는 사랑하는 손자 B, C, D 및 손녀 E, F 에게 1인당
각 ○천만원 씩을 유증한다.(이 돈은 ○○은행 ○○지점 구좌
번호 ○○○○의 예금에서 지급한다.)

 7. 상속인이 없는 경우의 유언

상속인이 없을 경우 망인이 남긴 상속재산은 원칙적으로
국가에 귀속된다.(민1053-1059)

그런데 상속인이 없는 경우에 사실상 부부나 사실상 양자
등과 같이 망인과 생계를 같이 하거나, 망인을 요양 간호한
사람, 기타 망인과 특별한 연고가 있는 사람에게 상속재산의
전부나 일부를 나누어 줄 수 있는 재산 분여제도가 있다.(민
1057의2)

1. 본인은 혈혈단신 홀몸이며 법적인 상속인이 없으나, ○
○○가 10여 년간 돌보아 주었기 때문에 이에 대한 감사와 고
마움의 표시로 본인의 재산 중 ○○은행에 정기예금한 돈(통
장번호 기재)을 모두 ○○○(주민등록번호 기재)에게 유증한
다.

2. 나머지 재산은 본인의 모교인 ○○고등학교(주소 기재)
에 장학금으로 기증한다.

 8. 사후 자신의 재산을 사회단체에 기부하려는 유언

땀 흘리지 않은 돈을 자녀가 상속받는 것은 바람직하지 않
다고 생각하거나, 사후에 자신의 재산을 불우이웃단체나 사
회단체 등에 기부하겠다고 생각하고 이를 실천하기 위해서
는 미리 유언서를 작성해두는 것이 좋다. 만일 별다른 유언이
없다면 법정상속지분에 따라 상속인들에게 재산이 배분될
것이다.

유언 : 남은 이들을 위한 사랑의 편지

이러한 결심이 서면, 평소 자녀 기타 상속인들에게 자기의 생각을 밝히고 이해를 구해 놓는 것이 좋다. 큰 기대를 한 자녀들이 피상속인 사후에 그런 사실을 알고 깊이 원망을 할 수 있기 때문이다.

또 재산 처분은 부모의 결정에 맡기겠다고 동의를 했다 하더라도 유류분을 고려해야 한다. 이른바 유류분 제도다. 유언자가 마음대로 재산을 처분할 경우, 남은 가족의 생활안정을 해칠 우려가 있기 때문에 법에서 최소한의 상속분을 정해 놓았다. 상속인이 직계비속이거나 배우자인 경우에는 법정상속분의 2분의 1, 상속인이 직계존속이나 형제자매인 경우에는 3분의 1을 유류분으로 인정하고 있다.

---

1. 유언자는, ○○은행 ○○지점 계좌번호 ○○○○의 정기예금 원리금 전액을 ○○대학교 ○○장학회에 기부한다.

2. 유언자는 그 외의 모든 재산을 모두 아내인 A에게 유증한다.

3. 유언집행자로 아내인 A를 지명한다.

9. 장애인 자녀를 위한 유언

　장애인 자녀를 둔 부모는 유산상속이나 남아있는 장애인 자녀의 생활보장, 유언의 실현 등과 관련하여 꼼꼼하게 준비를 해놓을 필요가 있다.

　상속 과정에서 장애인 자녀가 판단능력이나 결정능력이 부족하여 자신도 모르게 상속포기가 된다든지 상속인으로서의 권리를 제대로 행사하지 못할 수 있다.

　① 이런 경우를 대비하여, 성년후견인을 선임해 놓는 것을 고려해 볼 만하다.

　질병, 장애, 노령, 그 밖의 사유로 인한 정신적 제약으로 사무를 처리할 능력이 부족하거나, 지속적으로 결여된 사람에 대하여 성년후견인 또는 한정후견인을 선임할 수 있다.

　그러나 후견인에 의한 착복, 횡령 등이 발생하기도 하므로 믿을 수 있는 사람이 후견인이 되어야 한다.

　② 부모 사후에 장애인 자녀의 안정적 생활보장을 위해서 그 자녀를 위한 신탁, 보험가입 등의 방법이 있다.

　③ 상속세가 예상된다면 상속세 재원마련 대책을 강구해

놓아야 한다.

장애인에게는 일정 한도의 증여세 비과세 혜택, 증여세 과세가액 불산입, 상속재산에 포함되는 합산증여 재산 불포함 등 세제 혜택이 많이 있으므로 이를 활용한 절세대책도 준비해 두면 좋다.

---

1. 별지 ○에 기재한 건물과 토지를 장남 B에게 1/2지분을, 차남 C와 장녀 D에게 각각 1/4지분씩을 유증한다.

2. 차녀 E는 정신지체장애가 있으므로 그의 생활을 보장해 주기 위하여 ○○은행에 정기예금한 금 ○억원의 원리금 전부를 E에게 유증한다.

3. 장남 B는 동생인 차녀 E를 위하여 성년후견개시심판 청구를 하여 직접 성년후견인이 되고, 후견인으로서 위 2항의 돈을 금융기관에 신탁하여 그 수익금으로 동생을 잘 보살펴주기 바란다.

10. 부담이 붙는 유언

유언으로 재산을 증여받는 사람을 수증자라 하는데, 그 수증자에게 법률상 일정한 의무를 부담시키는 유언을 할 수도 있다. 이를 「부담부증여」, 즉 부담 있는 증여라고 한다. 범죄나 위법행위를 내용으로 하는 부담은 물론 효력이 없다.

만약 재산을 유증 받은 수증자가 자기 의무를 이행하지 않는 경우(예, 아래 유언서에서 동생이 어머니에게 생활비를 지급하지 않는 경우)에는 어떻게 될까? 이때는 상속인이 유증의 취소를 가정법원에 청구할 수 있다.

유언자 ○○○는, 별지목록에 기재한 부동산을 막내동생인 △△△에게 유증한다.

다만, 수증자인 △△△는, 유언자와 수증자, 우리의 어머니인 A에게, 어머니가 생존해 계시는 동안, 생활비로 월 100만원씩을 어머니의 통장으로 매달 25일에 입금하는 방법으로 지급하여야 한다.

(부동산 목록은 생략)

11. 재단법인을 설립하는 유언

유산이 세상에 유익하게 쓰이도록 하기 위해 공익단체, 비영리단체 등에 기부하거나 어려운 사람을 특정하여 돕는 방법을 생각할 수 있을 것이지만, 유언으로 재단법인을 설립할 수도 있다. 재단법인이란 일정한 목적을 위하여 제공된 재산을 운영하기 위하여 설립된 법인을 말한다.

설립자가 생전에 재단법인을 설립하는 때에는 제공된 재산은 법인이 만들어짐과 동시에 법인의 것이 된다. 설립자가 유언으로 재산을 내놓아 재단법인을 설립하면 유언의 효력이 발생함과 동시에 그 재산은 법인의 것이 된다.(민48) 실제로는 부동산은 소유권이전등기를 할 때에 비로소 그 법인에 귀속된다.

재단법인을 설립하기 위해서는, 법인을 위한 재산이 제공(이를 '재산출연'이라 함)되고, 또 법인의 정관을 정하여 주무관청의 허가를 받아야 한다.

유 언 장

유언자 ○○○는, 대한민국 의학의 발전을 바라는 마음으로, 35세 이하의 의학연구자를 육성하기 위해서 다음과 같이 재산을 제공(출연)하여 유언자의 사후에 재단법인을 설립한다.

1. 목적 : 대한민국 의학의 발전을 위하여, 35세 이하의 의학연구자를 육성함을 목적으로 한다.

2. 명칭 : 재단법인 청년의학

3. 사무소 : (주소 기재)

4. 재산출연에 관한 규정

• 유언자가 보유하고 있는 ○○은행 ○○지점의 정기예금 50억원을 위 재단법인에 유증하고, 그 재산이 재단법인 청년의학의 자산을 구성한다.

• 자산운영방식은 이사회에서 결정한다.

5. 이사에 관한 규정

이사는 5인 이상 7인 이하로 하고, 이사장 1인은 호선한다. 이사회는 이사 전원으로 구성되며, 이사 과반수의 결의로 업무를 집행한다. 이사의 임명은 다음의 유언집행자에게 위촉

한다.

  6. 재단법인의 정관은 별지(생략)와 같다.

  7. 이 유언의 유언집행자로 아래 사람을 지정한다.

    이름 △△△

    (생년월일, 주소, 전화번호 기재)

       ○○○7년 ○월 ○일

       유언자 ○○○ (주민등록번호 :　　)

       주소 : ○○시 ○○길 ○○

 12. 혼인 외 자를 인지하고 그에게 재산을 주는 유언

  유언서에 피상속인의 子가 다른 데 있다고 기재하더라도 또 그 子가 피상속인의 자녀가 틀림없다고 하더라도, 인지(認知)되지 않으면 부모의 유산을 상속할 수 없다. 그런데 인지를 하면 그 효력은 그 子의 출생했을 때로 소급하여 생기기 때문에, 상속개시 때부터 이미 상속인인 것으로 된다. 유언으로 인지를 하면, 상속관계는 새로운 국면으로 접어든다. 인지된 子는 다른 상속인과 함께 공동상속인의 1인이 되어 상속을 받는다.

유 언 서

유언자는 아래와 같이 유언하며 유언장을 작성한다.

1. 인지에 관한 유언
- 유언자 ○○○는, 다음의 사람이 유언자 ○○○와 A(주민등록번호, 주소 기재 생략) 사이에서 태어난 아들이므로 이를 인지한다.

　　　　　다음
　　　이름 : 홍길동
　　　주민등록번호 :
　　　주소, 전화번호 :

- 부는 포태(임신)중에 있는 자에 대하여도 이를 인지할 수 있는데(민858), 이때의 기재 예시

「(1) 유언자 ○○○는, T(주민등록번호, 주소 기재 생략)가 현재 임신 중인 태아가 유언자의 子임을 인지한다.

(2) 위 T가 임신 중인 태아에게, 별지에 적은 토지를 유증한다.

(3) 처 A에게는 앞에서 기재한 별지 기재 토지를 제외한 나머지 재산 전부를 유증한다.」

2. 유언집행자의 지정

유언자는 아래 사람을 유언집행자로 지정한다.

이름 : △△△

(생년월일, 사무소 주소 기재)

이 유언장은 유언자가 직접 그 전문을 쓰고, 작성일자, 이름, 주소를 쓰고, 날인하였다.

작성일자 : ○○○7년 ○월 ○일

유언자 : ○○○ (주민등록번호 :   )

주소 : ○○시 ○○길 ○○

13. 유언장에 e메일, 아이디 비밀번호를 기재하는 유언

인터넷 시대를 맞아 사망한 사람이 남긴 컴퓨터나 e메일 등에 대한 접근권한을 주려면 유언장에 비밀번호를 꼭 적어 두어야 한다. 또 블로그나 미니홈페이지와 같은 디지털 재산이 있는 경우 이를 어떻게 할 것인지도 유언할 필요가 있다.

1. 내가 사용한 이메일의 주소, 아이디, 비밀번호는 다음과 같다. 내 자손들은 누구나 이메일을 열어서 필요한 자료를 마음껏 보고 사용해도 된다.

2. 내가 사용하던 블로그는 딸인 D가 그 동안 운영에 많은 협력을 하고 내용을 잘 알고 있으므로 D에게 사용권한(소유권)을 준다.

 14. 실제 사안에서 본 유언문구

다음은 실제에 있었던 유언인데, 그 내용 중에는 법률적 효력이 인정되지 않는 것도 있다. 그러나 남아있는 사람들이 이

유언 : 남은 이들을 위한 사랑의 편지

를 지킨다면 아주 의미 있고 유용한 내용이 될 것이다.

───⫘───

　내가 사망할 경우 조문객들로부터 부조금을 일절 받지 말고, 내가 그 동안 모은 돈으로 병원비, 장례비 등에 사용하라.

───⫘───

코미디언이었던 고 구봉서 선생의 유언(유훈)

　1. 내가 죽더라도 ○○단체에 대한 후원을 끊지 마라.

　2. 형편이 어려운 후배들이 많으니 장례식에 절대 조의금을 받지 말고 그저 와서 맛있게 먹고 즐기고 가게 하라.

───⫘───

　아버지(유언자)가 지시하건대,

　① 도박을 하면 집안이 폐가 망신하니 절대 도박은 하지 말며, 친지나 친구에게 보증도 절대 서지 말아야 하며 처자식과 잘 살아 나갈 수 있다. 꼭 명심하여라.

　② 언제 아버지가 죽을지 모르지만 죽거든 시신은 화장하여 동해 바다에 흘려 보내주기를 꼭 부탁한다.

　③ 할아버지 할머니 산소와 제사는 손자인 ○○이 대(代)까지만 하거라.

1. 별지 목록 제1항 기재 각 부동산은 아내인 ○○○의 소유로 하되, ○○○이 사망하면 사랑하는 아들, 딸들인 B, C, D, E가 동등하게 상속한다.

2. 별지 목록 제2항 기재 각 부동산은 아내인 ○○○과 B, C, D, E 5인이 동등하게 상속하되, 이를 처분하지 말고 공동소유로 하여 세금과 경비는 공동으로 분담한 후 매월 수입금을 5등분하여 나눈다.

3. 제1, 2부동산에 관한 상속세는 아내인 ○○○과 B, C, D, E의 5인이 분담하되, 상속세의 3년 연부연납신청을 하여 최초년도의 세금은 C가 가지고 있는 현금으로 우선 납부한다.

4. 아들 F에게는 생전 증여를 충분히 하였으므로 상속에서 제외한다.

1. 여러분들에게 마지막으로 부탁드립니다. S와 T 두 사람을 관리자로 정하였사오니 너무 괴롭히지 마시고 나의 마지막 희망을 무너뜨리지 말도록 협력하여 주시기 바랍니다.

2. 내가 쓰고 남은 얼마 되지 않은 부동산과 물건들 전부를

유언 : 남은 이들을 위한 사랑의 편지

가엾은 북쪽 개성에 있는 나의 처 A와 5인의 딸인 B, C, D, E, F 에게 양여하노니 타인이 다치지 말고 고스란히 물려받도록 여러분이 협력하여 주시기 바랍니다.

3. T는 집도 없고 나와 같이 생활했으므로 계속해서 ○○아파트 ○○동 ○○호에서 생활해야 하며, 누구도 집에서 나가라고 할 수도 없고 또 동거도 강요해서도 안 됩니다.

유족(북에 있는 처 A와 딸들인 B, C, D, E, F)들에게 양여할 때까지 내가 생존 시와 동일하게 유지해 나가도록 협력해 주시기 바랍니다.

4. 유산의 관리자로 S와 T를 지정한다.

• 참고 : 유언 요지는 "나의 전 재산을 북한에 있는 처A와 5인의 자녀에게 양여하고, 동거인 T는 북한에 있는 처자에게 재산이 양도될 때까지 그 동안 살던 아파트에서 거주할 권리가 있으며, 유산의 관리자로 S와 T를 지정한다." 는 내용이나, 유언자의 사망 당시에 법정재산상속인으로서의 지위를 갖는 유언자의 처 또는 자녀들이 존재한다고 인정할 자료가 없고, 동거인 T는 혼인신고가 되어있지 않으므로 상속인이 아니며, 이 유언은 연월일과 주소를 기재하지 않아 무효가 됨

별지목록 1. 기재 부동산은 A에게 유증한다.

별지목록 2. 기재 부동산은 B에게 유증한다.

별지목록 3. 기재 부동산은 T에게 유증한다.

별지목록 4. 기재 부동산은 A, B, T에게 유증한다.

1. 유언자 소유의 별지 목록 기재 재산을 유언자의 배우자인 ○○○에게 모두 상속한다.

2. 별지 목록에 기재되어 있지 않은 유언자의 기타 소유 재산도 모두 ○○○에게 상속한다.

3. 유언집행자로 주식회사 ○○의 비서실장인 ○○○을 지정한다.

위 유증 재산을 제외한 나의 나머지 부동산(별지목록에 기재함)은 평소 뜻에 따라 미래의 일꾼을 키우는 청소년육영사업에 사용해 주기 바란다.

유언 : 남은 이들을 위한 사랑의 편지

유산의
기부

이 세상에 죽음만큼 확실한 것은 없다.

그런데 사람들은 겨우살이는 준비하면서도

죽음은 준비하지 않는다.

♦ 톨스토이

언젠가는 인생이 끝나고 죽을 것이라 생각하면,

부차적인 것은 다 없어지고 본질만 남는다.

♦ 스티브 잡스

삶은 짧지만,

죽음은 결국 인생을 영원하고 신성하게 만든다.

♦ A.A. 프록터

서구에서는 지도층의 가장 중요한 덕목으로 꼽히는 것은 '노블레스 오블리주'라 하고, 가진 사람들은 베푸는 일을 사회적 의무로 생각한다. 우리나라에도 이러한 의식이 확산되고 있는데, 기부문화 활성화를 위해서는 기부단체의 운영 효율성과 투명성에 대한 신뢰가 필요하고, 세제혜택 등 법제 개선이 요망된다. 유산을 기부하기로 작정하였으면 다음의 몇 가지를 유념할 필요가 있다.

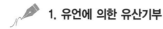 1. 유언에 의한 유산기부

법적 요건을 갖춘 유언이 없으면 망인의 유산은 법정상속인에게 상속된다. 따라서 사후에 유산을 기부하기를 원하면 생전에 유언을 해 두어야 한다.

2. 유언집행자의 지정

유언자가 유산기부를 하는 유언을 했을 때, 사후에 자기의 유언내용이 제대로 집행되기를 원할 것이다. 유언의 공정한 집행을 위해서는 유언집행자를 선정해 놓는 것이 좋다. 그러면 유언집행자가 유언자의 기부의사를 구체적으로 실현시키게 된다. 유언자는 믿을 만한 가까운 사람에게, 사망하게 되면 유언집행자에게 곧바로 연락하도록 유언집행자의 인적사항을 알려주는 등의 조치를 취해놓는다. 유언집행자가 유언자의 사망사실을 모르면 유언의 내용이 실현되지 않을 것이다. 또 유언자는 생전에 기부받는 단체 또는 사람에게, 유산에서 어떠어떠한 기부를 할 것이라는 사실을 알려두는 것이 필요할 경우도 있는데, 이를 알릴지 아닐지는 신중한 판단을 요한다.

 3. 재산기부와 세금 면제

유증 또는 사인증여에 의하여 재산을 기부하는 경우 또는 상속인이 상속받은 재산을 기부하는 경우에는 과세대상(과세가액)에서 제외되는 경우가 많다. 즉 기부금 전액에 대하여 상속세가 면제되는 경우가 많다. 단, 상속세 신고기한 안에(즉,

유언 : 남은 이들을 위한 사랑의 편지

사망일이 속하는 달의 말일로부터 (6개월 이내에) 기부해야 상속세
가 과세되지 않는다. 어떠한 경우에 세금을 내지 않아도 되
는지는 전문가와 상의할 필요가 있다. 생전에 재산을 기부(증
여)하는 경우에는 증여세가 면제된다.

✒ 4. 모든 재산을 기부할 수 있는가

　상속인들의 이의가 없다면 모든 유산을 기부할 수 있다. 그
러나 민법상 법정상속인은 유언의 내용이 어떠하든지 간에
유산 중 일정 부분을 상속받을 권리가 있는데, 이를 유류분이
라 한다.(민1112-1118) 상속인은 재산을 상속받았을 때 증여
나 유증으로 인하여 자기가 받아야 할 최소한의 몫인 유류분
에 부족이 생긴 경우에는 재산 반환을 청구할 수 있는 권리가
있다.

　그러므로 재산을 기부하는 유언을 할 때는 상속인의 유류
분을 고려해야 하고, 특히 재산 전액을 기부하는 경우에는
상속인과 충분한 상의가 있어야 유언자의 선한 의지가 아름
답게 결실 맺을 수 있다. 이 때 발생할 수 있는 법적 문제에

대하여는 변호사, 세무사, 회계사 등 전문가와 상의하는 것
이 좋다.

Chapter
08

재산상속에 관한
법률지식

Father's virtue is the best heritage

for his child.

_아버지의 덕행은 자녀에게 주는 최고의 유산이다.

I. 상속인과 상속지분

 1. 누가 상속인이 되는가(상속인의 순위)

상속이 개시될 때에 상속인 자격을 가진 사람이 한 사람밖에 없을 때에는 문제가 없으나, 여러 사람인 경우에는 다음 순서에 의하여 상속인이 된다.

(1) 혈족(민1000①)

① 제1순위 : 아들, 딸과 같은 「직계비속」

여러 명이면 공동으로 상속한다. 남녀, 결혼 여부에 관계없이 모두 상속분이 균등하다. 혼인 중의 출생자와 혼인 외의 출생자의 상속분은 동등하다. 즉 적서 자녀의 상속분이 같다. 만약 아들딸들이 모두 상속포기를 하면 차순위 상속인인 손자 및 외손자가 이에 해당된다.

② 제2순위 : 아버지, 어머니와 같은 「직계존속」

적모와 계모는 상속권이 없다.

③ 제3순위 : 「형제자매」

이복(異腹)의 형제자매도 똑같이 상속한다.

④ 제4순위 : 「3촌, 4촌 이내의 방계혈족」(傍系血族)

부계(父系), 모계(母系)를 가리지 않는다.

(2) 배우자(민1003)

① 피상속인의 배우자는 직계비속과 동순위로 공동상속인이 되고, 직계비속이 없는 경우에는 피상속인의 직계존속과 동순위로 공동상속인이 된다.

직계존속이나 직계비속이 없는 경우에는 배우자가 단독 상속인이 되어 재산 전부를 상속받는다.

② 사실혼 배우자는 부 또는 처로서의 상속권이 없다. 상속권이 인정되는 배우자는 혼인신고를 한 법률상의 배우자를 말한다.

그러나 상속인이 아무도 없는 경우에는 사실상의 배우자가 특별연고자로서 상속재산의 전부 또는 일부를 나누어 받을 수 있다.

유언 : 남은 이들을 위한 사랑의 편지

(3) 대습상속(代襲相續, 민1001)

　　상속개시 전에 상속인이 될 직계비속 또는 형제자매가 사망하거나 상속 결격자가 된 경우, 그의 직계비속은 사망한 자 또는 결격자의 순위에 갈음하여 상속인이 된다. 또 상속개시 전에 사망 또는 결격된 자의 배우자도 그 직계비속과 함께 동순위로 공동상속인이 된다.(민1003③)

상속인의 순위

- 제1순위 : 피상속인의 직계비속, 배우자
- 제2순위 : 피상속인의 직계존속, 배우자
- 제3순위 : 피상속인의 형제자매
- 제4순위 : 피상속인의 3촌, 4촌 이내의 방계혈족

참고
- 앞 순위 상속인이 있으면 뒤 순위 상속인은 상속에서 제외되어 상속을 전혀 상속받을 수 없다. 예컨대, 유언자에게 자녀

가 있으면 유언자의 부모는 한 푼도 상속받을 수 없다.

• 자녀 없이 배우자만 있는 경우에는 유언자의 부모는 배우자와 공동상속을 받는다.

(4) 다음의 사람은 상속인이 아니다

■ 계모자 사이, 계부자 사이, 적모 서자 사이

■ 며느리, 사위

■ 이모부, 고모부

■ 피상속인보다 먼저 사망한 자녀가 있을 때 그 자녀의 배우자가 피상속인이 사망하기 전에 재혼하면 재혼으로 인하여 인척관계가 소멸되므로 대습상속권이 없다.(자녀의 배우자가 피상속인이 사망한 후에 재혼을 했다면 상속인이 된다)

■ 피상속인이 사망할 당시에 포태되지 않았는데 나중에 출생한 사람

■ 친양자는 생가 친족의 재산에 대한 상속권이 없다.(민 908의3)

(5) 상속인 결격사유

① 고의로 직계존속, 피상속인, 다른 상속인을 살해(미수), 상해(치사)하거나, 사기나 강박으로 유언 또는 유언의 철회를 방해한 자, 사기나 강박으로 유언을 하게 한 자, 유언서를 위조·변조·파기·은닉한 자는 상속할 자격을 상실한다.(민1004)

② 단지 불효자라고 해서 상속인에서 제외되지는 않는다.

③ 한국 국적을 상실하고 외국 국적을 취득하더라도 상속인이 됨은 변함없다.

(6) 판례

■ 양자는 양가부모와 생가(친생)부모 모두에 대하여 상속권을 가진다.(대법원 1983.9.27. 선고 83다카745 판결)

■ 태아가 재산상속의 선순위나 동순위에 있는 경우에 그 태아를 낙태하면 상속결격사유에 해당한다. 이 때 '상속에 유리하다는 인식'이 필요 없다.(대법원 1992.05.22. 선고 92다2127 판결)

■ 망인의 직계비속인 딸이 이북에 있어 생사불명이라

는 이유만으로는 재산상속인에서 제외될 수 없다.(대법원
1982. 12. 28. 선고 81다452, 453 판결)

2. 얼마만큼 상속받는가(법정상속분)

유언이 없을 때에는 민법이 규정하는 법정상속분에 의하
여 상속된다.(민1009, 1010) 물론 유언으로 공동상속인의 상속
분을 지정한 때에는 그에 따른다.

법정상속분은 다음과 같다.

(1) 동순위의 상속인이 여러 명이면, 그 상속분은 균분해서
가진다.

(2) 피상속인의 배우자의 상속분은 직계비속과 공동으로
상속하는 때에는 직계비속의 상속분의 5할을 가산하고, 직계
존속과 공동으로 상속하는 때에는 직계존속의 상속분의 5할
을 가산한다.

(3) 대습상속인의 상속분은, 피대습상속인의 상속분만큼
된다.

　　　　　　　유언 : 남은 이들을 위한 사랑의 편지

상속분 도표

(피상속인의 자녀가 장남, 차남, 딸이 있다고 가정할 경우)

피상속인에게	배우자	장남	차남	장녀	부	모	형제자매
배우자와 자녀가 있는 경우	3	2	2	2	X	X	X
배우자와 부모가 있는 경우	3	X	X	X	2	2	X
부모와 자녀가 있는 경우	X	1	1	1	X	X	X
배우자, 자녀 없이 부모만 있는 경우	X	X	X	X	1	1	X
부모, 배우자, 자녀가 모두 없는경우	X	X	X	X	X	X	1 1 1 1

3. 특별수익자(생전증여 또는 유증을 받은 사람)의 상속분

(1) 생전증여 또는 유증을 받은 사람은 특별취급을 받는다(민1008)

상속을 할 당시, 공동상속인 중에 피상속인으로부터 특별히 생전증여나 유증으로 재산을 받은 사람이 있으면, 그 사람을 '특별수익자'라고 하여서 특별 취급을 한다. 예컨대, 혼인을 위한 증여나 사업자금을 받은 것 등이 특별 수익에 해당한다고 볼 수 있다. 몇 년 전에 받았느냐는 따지지 않는다. 만약이러한 증여나 유증을 참작하지 않고 상속분을 산정하면, 피상속인으로부터 증여나 유증을 받은 상속인과 받지 않은 상속인 사이에 불공평한 결과가 생기기 때문에, 특별 수익분을 도로 내놓아 상속분액의 계산을 하게 된다.

특별수익자에 대한 상속분을 산정할 때에는, 그가 받은 특별 수익분을 자기가 받을 상속분의 선급(先給)으로 보고 상속분의 계산을 하게 된다.

(2) 특별수익자가 있는 경우의 계산 예

- 상속인 : 처(A)와 자녀 3명(B, C, D)
- 상속개시 당시의 재산가액 : 8억원
- 특별수익액 : 1억원 (딸 D가 결혼할 때 1억원의 전세금을 증여받았음)
- 상속재산으로 보아야 할 액수 : 9억원 (8억원 + 특별 수익 액 1억원)
- 상속분 : A = 3억원 (9억원 × 3/9)

  B, C = 각각 2억원 (9억원 × 2/9)

  D = 1억원 [(9억원 × 2/9) − 증여받은 1억원]

4. 기여분 제도

(1) 공동상속인 사이의 실질적 공평을 꾀하는 제도

공동상속인 중에 피상속인의 재산의 유지나 증가에 특별히 기여(공헌)를 한 사람 또는 피상속인을 특별히 부양한 사람이 있는 경우에, 그에게 기여한 만큼의 재산을 가산하여 다른 상속인보다 더 많은 상속재산의 취득을 인정해 주는 제도다.(1008의2) 이는 위의 특별 수익에 관한 규정과 마찬가지로, 공동상속인 간에 실질적 형평을 꾀하는 데 그 목적이 있다.

(2) 기여분이 인정되는 사례

■ 아들이 피상속인인 부친이 경영하는 사업에 함께 일하여 부친의 재산 증가에 공헌한 경우, 피상속인의 생활비를 대며 부양한 경우 등에 기여분이 인정된다.

■ 가족간의 부양에서 기여분이 인정되기 위해서는 그 부양 행위가 통상적인 것이 아닌 특별한 기여가 있어야 한다. 최근에는 부모를 모시고 같이 살기만 해도 기여분을 인정하고, 또 장기간의 부모 부양에 대해 기여분의 비율을 과거보다 높이 인정하는 추세다.

예컨대, 자녀 3명(B, C, D)이 상속인일 때, 부모를 부양한 B가 기여분을 30%를 인정받는다고 가정할 경우, 「상속재산의 3/10 + 나머지 상속재산인 7/10 × 1/3」을 받게 된다.

(3) 유언에서 기여분을 지정하더라도 효력이 없다

기여분의 지정은 유언사항이 아니다. 따라서 피상속인이

한 유언 중에 「상속인 누구의 재산 기여분은 얼마다.」라고 기여분을 지정하는 내용이 있어도 상속인이나 법원은 그것에 구속될 필요가 없다. 피상속인의 그러한 의사가 기여분을 결정하는 데 참작요소는 될 수 있을 것이다.

 ### 5. 특별연고자에 대한 분여제도

피상속인에게 4촌 이내의 방계혈족마저 없어서 결국 상속인이 없는 경우에 피상속인과 생계를 같이 하고 있던 자, 피상속인의 요양 간호를 한 자, 기타 피상속인과 특별한 연고가 있던 자는 법원에 상속재산의 전부나 일부를 나누어 달라고 청구할 수 있다.(민1057의2)

상속인도 없고 특별연고자도 없는 경우에 상속재산은 어떻게 될까? 이 때 상속재산은 국가에 귀속한다.(민1058)

이에 관하여는 예외가 있는데. 공유자가 상속인 없이 사망한 때에는 그 지분은 다른 공유자에게 각 지분의 비율로 귀속한다.(민267)

기여분을 포함한 상속분 계산예

- 피상속인 : 부친
- 상속인 : 처(A)와 자녀3명(B, C, D)
- 상속개시 당시의 재산가액 : 11억원
- 특별수익액 : 1억원 (딸 D가 결혼할 때 1억원의 전세금을 증여받았음)
- 기여분 : 3억원 (장남 B가 몇 년간 부친을 부양하며 살았다)
- 상속재산으로 보아야 할 액수 : 9억원(상속재산 11억원 + 특별 수익액 1억원 – 기여분 3억)
- 상속분 : A = 3억원 (9억원 × 3/9)

    B = 5억원 (9억원 × 2/9 + 3억원)

    C = 2억원 (9억원 × 2/9)

    D = 1억원 (9억원 × 2/9 – 증여받은 1억원)

II. 상속재산의 분할

 1. 상속재산은 공동상속인 각자가 자기의 상속분에 따라 분배받는다

그런데 실제에 있어서 상속재산 중에는 현금이나 주식 유가증권, 토지 건물과 같은 부동산, 가재도구, 채무 등 여러 가지가 섞여 있어서 이를 분배하는 과정을 거쳐야 한다.

 2. 분할의 방법

다음의 세 가지 방법이 있다.

(1) 유언으로 정한 지정분할

피상속인은 유언으로 상속재산의 분할방법을 정하거나 이를 제3자에게 위탁할 수 있는데, 이러한 유언이 있으면 그 유언에 따라서 분할한다.(민1012)

(2) 협의분할

지정분할이 없는 경우에는 상속인 간의 협의에 의하여 재

산을 분배할 수 있다.(민1013①)

협의를 함에는 상속인 전원이 참가하고, 모두가 동의해야 하며, 일부라도 반대하면 협의가 성립되지 않는다.

(3) 가정법원에서 하는 분할

상속인 간에 협의가 이루어지지 않으면 각 상속인은 가정법원에 상속재산의 분할 청구를 할 수 있다.(민1013②)

 3. 협의분할을 할 때는 다음을 유념해야 한다

대부분은 협의분할에 의하여 상속재산을 분배하므로 이에 관해선 더 자세히 알아 둘 필요가 있다.

(1) 협의분할은 말 그대로 협의(계약)이므로 상속인 모두가 참가하고 동의를 해야 한다. 따라서 한 사람이라도 반대하면 협의분할은 성립되지 않는다.

(2) 협의분할을 할 때 상속인들은 상속분과 다르게 협의해도 상관없다.

그 방법은 현물분할(개개의 재산을 그 형태대로 분할하는 것),

유언 : 남은 이들을 위한 사랑의 편지

환가분할(재산을 팔아서 금전으로 나누는 것), 대상분할(어떤 상속인이 어떤 재산을 취득하면서 다른 상속인에게 금전을 지급하는 방법), 공유분할(재산을 공유로 소유하기로 하는 것) 등 어느 것에 의하더라도 상관없다.

(3) 만약 상속인 중에 미성년자와 그의 친권자가 함께 들어 있는 경우에는, 서로의 이해가 상반될 수 있으므로 미성년자를 위한 특별대리인을 선임해야 한다.(민921)

(4) 유산받기를 거부하는 상속인의 채권자가 취할 수 있는 조치

협의분할을 한 내용이 그 상속인의 채권자를 해할 때에는, 상속재산 협의분할이 취소될 수 있다. 상속인 중에서 빚이 있는 사람이 채권자로부터 상속지분에 대한 강제집행을 피하려고 상속재산에 대한 협의분할에 의하여 자기 상속분을 다른 공동상속인에게 줘버리는 경우가 종종 발생한다. 즉, 상속인 중의 한 사람이 자기 빚을 갚을 자력이 없음에도 불구하고 상속재산의 협의분할을 하면서 자기 상속분을 다른 상속인에게 주어버려서 결과적으로 자기는 채무초과나 무자력 상태에 있게 하는 때가 있다. 이렇게 하는 것은 자기가 상속받으면 그 상속재산이 어차피 채권자에게 넘어가게 될 것이므로 이를 피하기 위한 의도라 볼 여지가 많다.

이때 그의 채권자는 그 재산분할이 자기에게 빚을 갚지 않으려는 사해행위에 해당한다고 주장하면서 취소를 구할 수 있다. 이렇게 하면 빚이 있는 상속인은 자기가 원하든 원하지 않든 자기 상속분을 상속받게 되고 채권자는 그 재산을 집행할 수 있게 되는 것이다.

■ 판례 : 상속재산의 분할 협의는 상속이 개시되어 공동상속인 사이에 잠정적 공유가 된 상속재산에 대하여 그 전부 또는 일부를 각 상속인의 단독 소유로 하거나 새로운 공유관계로 이행시킴으로써 상속재산의 귀속을 확정시키는 것으로 그 성질상 재산권을 목적으로 하는 법률행위이므로 사해행위취소권 행사의 대상이 될 수 있다.(대법원 2001.2.9. 2000다51797)

(5) 협의에 의하여 상속재산을 분할할 때에는 나중에 혹시 발생할지 모르는 다툼을 예방하고 그 내용을 확실히 해 놓기 위하여 '상속재산 협의분할서'를 작성해 놓는 것이 좋다.

(6) 법정상속등기를 마친 후 상속재산의 협의분할을 하는 경우 소유권경정등기 절차에 의한다.(등기예규 제613호)

(7) 협의분할 할 때 세금을 주의해야 한다.

법정상속지분대로 상속등기를 하고 나서 그 후에 상속인

끼리 협의분할을 하면 법정상속비율이 깨지게 되는데 이때 자기의 법정상속비율보다 많이 분할 받으면 그만큼 증여를 받는 결과가 된다. 이 때 잘못하면 증여세를 납부할 수 있기 때문에 주의를 요한다. (자세한 것은 세금부분 참조 요)

 4. 생명보험계약과 유증

(1) 보험수익자로 지정한 상속인의 보험금청구권은 상속재산에 포함되지 않는다

상속인이 받는 생명보험금청구권은 피상속인에 의한 증여나 유증과 다르게 보험계약에 기초하여 피상속인의 사망에 의해 발생하는 권리로 상속재산에는 포함되지 않는다. 다만, 상속인간의 형평을 고려하여 이를 특별수익으로 볼 여지가 있다.

생명보험금청구권은 생명보험계약에서 발생하는 계약상의 청구권으로서 상속인들은 그 계약에 기한 생명보험수익권자로 지정되어 청구하는 것이지 상속재산으로 청구하는 것은 아니므로, 상속포기를 했더라도 이를 청구할 수 있다.

단, 세법에서는 상속재산으로 간주하여 과세표준에 산입

된다.(상속세 및 증여세법 8조)

(2) 판례

① 상속세 및 증여세법 제8조 제1항은 피상속인의 사망으로 인하여 지급받는 생명보험 또는 손해보험의 보험금으로서 피상속인이 보험 계약자가 된 보험계약에 의하여 지급받는 보험금이 실질적으로 상속이나 유증 등에 의하여 재산을 취득한 것과 동일하다고 보아 상속세 과세 대상으로 규정하고 있으나, 상증세법 제8조가 규정하는 보험금의 경우 보험수익자가 가지는 보험금지급청구권은 본래 상속재산이 아니라 상속인의 고유재산이므로, 상증세법 제8조가 규정하는 보험금 역시 국세기본법 제24조 제1항이 말하는 '상속으로 받은 재산'에는 포함되지 않는다고 보아야 한다.(대법원 2013. 5. 23. 선고 2013두1041 양도소득세부과처분취소)

② 생명보험의 보험 계약자가 스스로를 피보험자로 하면서, 수익자는 만기까지 자신이 생존할 경우에는 자기 자신을, 자신이 사망한 경우에는 '상속인'이라고만 지정하고 그 피보험자가 사망하여 보험사고가 발생한 경우, 보험금청구권은 상속인들의 고유재산으로 보아야 할 것이고, 이를 상속   재

산이라 할 수 없다.

(그러므로 보험수익자로 지정한 상속인이 설령 상속포기신고를 한 후 보험금청구권을 행사하여 보험금을 수령하더라도 이는 상속 재산을 처분한 것이 아니므로 상속포기를 무효로 하는 사유가 되지 않는다.)(대법원 2001. 12. 28. 선고 2000다31502 보험금)

III. 상속의 승인 및 포기

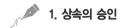 **1. 상속의 승인**

상속은 승인할 수도, 포기할 수도 있다. 상속인이 단순승인을 하면 제한 없이 피상속인의 권리의무를 승계한다. 그러므로 상속개시 사실을 알았다면, 가능한 빠른 시간 내에 피상속인의 재산상황을 조사해 보고 상속을 승인할지 포기할지를 결정할 필요가 있다.

상속개시(사망) 상태를 알고도 가만히 있다가 석 달이 지나가 버리면 상속을 승인한 것이 된다. 단순승인의 효력이 생기면 이를 취소할 수 없다.

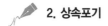 **2. 상속포기**

(1) 상속인은 상속을 포기할 수 있다

상속이 개시되면 피상속인의 재산에 속하는 모든 권리의 무는 일신전속적인 것을 제외하고는, 상속인의 의사와 관계없이 또 상속인이 알건 모르건, 법률상 당연히 포괄적으로 상속인에게 승계된다.(민1005)

따라서 상속재산 가운데 채무(빚)가 있으면 그 채무(빚)도 모두 상속된다. 그러나 채무(빚)가 적극재산(예금, 부동산 등)보다 많으면 그 상속은 상속인에게 부담과 고통이 된다. 이때는 상속인이 재산이든 채무든 일체 받지 않겠다며 상속받는 것을 거절할 수 있는데, 이를 상속의 포기라고 한다.(민1041-1044) 만약 상속인 중에 태아가 있는 경우에 태아도 상속을 받기 때문에 상속포기나 한정승인 신청자에 태아를 빠트리지 않도록 주의해야 한다.

상속개시 전에, 즉 피상속인이 생존해 있을 때 피상속인에 대하여 상속을 포기하기로 약정을 하더라도 그 약정은 효력이 없다. 따라서 나중에 그 약속을 얼마든지 번복할 수 있다.(대법원 1998. 7. 24. 선고 98다9021 판결)

(2) 상속포기의 효과

상속포기 신고서가 수리되면, 그 상속인은 처음(상속개시시)부터 상속인이 아니었던 것으로 된다. 공동상속인들 중 어느 한 명이 상속의 포기를 한 경우에 포기한 자의 상속분은 다른 공동상속인에게 각자의 상속분의 비율로 귀속한다.

단독 상속인 또는 공동상속인 전원이 상속을 포기하면 상속인 전원이 처음부터 상속인이 아닌 것이 되기 때문에 차순위 상속인에게 상속된다. 따라서 할아버지가 사망한 경우에 그의 아들딸이 모두 상속을 포기하면 차순위의 직계비속인 손자 및 외손자와 할아버지의 처(즉, 할머니)가 공동으로 상속인이 된다(판례).

(3) 상속포기를 할 수 있는 기간은 3개월이다

① 상속인이 상속을 포기하려면 상속이 개시된 것을 안 날로부터 3월내에 한정승인 또는 상속포기 신고서를 가정법원에 제출해야 한다.(민1019①)

가만있다가 3개월이 지나가 버리면 상속을 인정한 것이 된다.

또, 상속인이 상속재산의 일부를 처분해 버리면 그 후에는 상속포기를 할 수 없고, 상속포기를 한 후에 상속재산을 숨기거나 소비하거나 하면 포기한 것은 무효가 됨을 주의해야 한다.(민1026)

② 만약 상속인이 상속되는 채무가 그 재산을 초과하는 사실을 중대한 과실없이 위의 기간 내에 알지 못하고 단순승인한 경우에는, 그 사실을 안 날로부터 3월내에 한정승인을 할 수 있다.(민1019③)

(4) 4촌 이내의 친척이 빚만 지고 사망했다면 상속포기신고를 해놓는 게 좋다

상속인이 상속을 포기하면 그 다음 순위의 상속인이 상속하게 된다. 그래서 경우에 따라서는, 평소 연락 없이 지내던 형제자매나 4촌의 빚을 졸지에 떠안게 되는 억울한 일이 생길 수 있다.

이런 경우를 대비하여 4촌 이내의 친척이 많은 빚을 남기고 사망하였으면 상속포기 신고서를 가정법원에 제출해 놓는 것이 안전하다. 또 자기가 상속포기를 할 때에는 피상속인의 4촌 이내의 친척들에게 모두 연락하여 같이 상속포기서를 제출하는 것도 좋은 방법이다.

후순위 상속인은, 선순위 상속인이 상속포기 신고를 하지 않았더라도, 선순위 상속인보다 먼저 또는 동시에 법원에 자기의 상속포기 신고를 할 수 있다.(상속포기의 신고에 관한 예규 제3조)

(5) 유의점

조부(祖父)의 채무를 상속받을 때 그 자녀들인 부(父)와 백부, 숙부, 고모들만이 상속포기를 하고 손자녀는 방치해 두는 바람에 손자 손녀들이 할아버지 할머니의 채무를 상속받게 되는 경우가 종종 발생한다. 손자 손녀에게 상속이 넘어가는 것을 잘 모르기 때문에 그런 상황이 일어나게 되는 것이다.

이러한 경우에는 한정승인을 하면 다음 순위로 상속이 넘어가게 되는 것을 막을 수 있다. 만약 상속포기를 하는 때에는 손자녀는 물론 4촌 이내의 친척까지 연락해서 모두 한꺼번에 상속포기 신청을 하는 것이 채무 상속으로 인한 불측의 피해를 막는 가장 확실하고 친척들의 원망을 듣지 않는 방법이 될 것이다.

(6) 판례

■ 채무자가 상속포기를 하였으나 채권자가 제기한 소송에서 사실심 변론 종결시까지 이를 주장하지 않은 경우, 채권자의 승소판결 확정 후 청구이의의 소를 제기할 수 없다.(대법원 2009. 5. 28. 선고 2008다79876 판결 : 상속포기와 청구이의사유)

(한정승인의 경우에는 상속포기의 경우와 달리 취급하여 청구이의의 소를 제기할 수 있다고 한다. – 대법원 2006. 10.13. 선고 2006다23138)

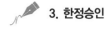 **3. 한정승인**

(1) 한정승인이란

한정승인이란 상속인이 상속받는 재산의 한도에서 피상속인의 채무와 유증을 변제할 것을 조건으로 상속을 승인하는 것을 말한다(민1028). 상속인은 상속 채무가 상속재산을 초과한다는 사실을 중대한 과실 없이 알지 못하고 단순승인을 한 경우에는 그 사실을 안 날부터 3월내에 한정승인을 할 수 있다.(1019조3항)

유언 : 남은 이들을 위한 사랑의 편지

피상속인의 재산을 청산하여 채무를 갚고 남는 것이 있으면 상속받겠다는 것이다. 이것은 재산의 내용이 불명확한 경우에(즉, 상속재산도 많고 상속 채무도 많은데 어느 쪽이 더 많은지 분명하지 아니한 경우에) 편리하게 선택할 수 있는 방안이다.

(2) 한정승인의 효과

한정승인은 상속재산의 범위 내에서만 채무를 변제하면 되고 상속재산을 초과하는 채무액에 대하여는 변제책임을 지지 않는 것이다. 따라서 채권자는 한정승인을 한 상속인의 고유재산에 대하여 손을 대지 못한다.

한정승인의 경우에는 파산 후의 청산절차와 유사한 법률문제가 발생하게 되는데 상속인은 모든 채권자에게 균등하게 변제할 의무를 진다.

(3) 절차

한정승인도 상속포기와 마찬가지로 3개월 내에 한정승인 신고서를 가정법원에 제출해야 한다.(민1019①) 이 때 상속재산목록을 첨부해야 한다.

(4) 상속포기와 한정승인 중 어느 것을 택할 것인가

상속포기는 말 그대로 피상속인의 채권채무 모두가 상속인에게 이전되지 않는 것이고, 한정승인은 일단 상속은 이루어지지만 상속받은 재산의 한도 내에서만 피상속인의 채무를 변제하는 것이다. 어느 쪽이든 상속인이 피상속인의 채무를 자기 재산으로 갚아 줄 의무가 없다는 점에서는 차이가 없다.

다만, 상속포기의 경우에는 제1순위 상속인이 상속포기를 하면 제2순위 상속인이 상속받게 되고, 그가 상속포기를 하면 다시 그 다음 순위 상속인이 상속받게 되어, 순위가 내려가다 보면 후순위 상속인에게 불측의 채무 상속이 되거나 불편을 끼칠 수 있다.

이에 반하여, 한정승인의 경우에는 재산목록을 작성해야 하고 자기가 채권자들을 상대하는 등 법적절차를 진행하는 번거로움이 있지만 후순위 상속인에게 부담이 넘어가는 일 없이 자기 선에서 채무 상속 문제가 마무리될 수 있다.

피상속인이 채무를 재산보다 많거나 비슷하게 남긴 경우, 상속포기와 한정승인 중 어느 쪽을 선택할지는, 각각의 장단점과 친척 간의 관계 등을 고려해서 결정해야 할 것이다.

유언 : 남은 이들을 위한 사랑의 편지

IV. 유류분

🖋 1. 유류분이란

유류분이란 피상속인의 재산 중에서 상속인이 꼭 받을 수 있도록 법률에서 보장해 놓은 일정 비율을 말한다.

원래 피상속인은 자기 재산을 마음대로 처분할 수 있는 것이 원칙이다. 그러나 이를 무제한으로 인정하면, 예컨대 남편이 유언으로 "전 재산을 모두 타인에게 유증한다." 든지 "재산 전부 또는 대부분을 특정 상속인에게 넘긴다."고 유언하였을 때 그 내용이 절대적 효력이 있어서 그대로 진행되면 상속에서 제외된 아내나 자녀들은 하루아침에 길거리에 나앉게 되어 버릴 수 있다. 여기서 배우자와 자녀 등 가까운 가족들의 생활과 기대를 보장하고 또 그 재산 형성에는 가족의 협력이 있는 경우가 대부분이라는 점을 고려하여 유산을 마음대로 처분하는 것에 일정한 제한을 가한 것이 유류분 제도다.

따라서 아무리 피상속인이 증여나 유증 등을 하더라도, 상속인은 법률에서 상속받을 수 있도록 정해놓은 최소한의 유

산 분량인 유류분을 받을 수 있는 권리가 보장되며, 그것이
침해되면 유류분권을 행사할 수 있다.

 2. 유류분의 비율과 계산 방법

(1) 비율

유류분을 가지는 사람은 배우자, 자녀 등 직계비속, 부모
등 직계존속, 형제자매다.

배우자와 직계비속은 법정상속분의 1/2씩, 직계존속과 형
제자매는 법정상속분의 1/3씩을 유류분으로 가진다.(민1112)

(2) 유류분 부족액의 계산 방법

■ 유류분은 피상속인이 상속개시 당시의 재산가액에 증여
재산의 가액을 가산하고 상속 채무액을 공제한 금액을 기초
로 하여 산정한다.(민1113①)

■ 증여는 상속 시작 전의 1년 간의 재산만을 상속재산에
포함시키지만, 공동상속인 중에 피상속인으로부터 재산의
생전증여에 의하여 특별 수익을 한 자가 있는 경우에는 민법

유언 : 남은 이들을 위한 사랑의 편지

제1114조의 적용이 배제되어 그 증여는 상속개시 1년 이전의 것인지 여부, 당사자 쌍방이 손해를 가할 것을 알고서 하였는지 여부에 관계없이 유류분 산정을 위한 기초재산에 산입한다.

■ 유류분 산정의 기초가 되는 증여 부동산의 가액은 피상속인이 사망한 상속개시 당시의 가격으로 산정하고, 그 증여받은 재산이 금전일 경우에는 그 증여받은 금액을 상속개시 당시의 화폐 가치로 환산하여 이를 증여재산의 가액으로 보는 것이 타당하며, 그러한 화폐 가치의 환산은 증여 당시부터 상속개시 당시까지 사이의 물가변동률을 반영하는 방법으로 산정하는 것이 합리적이다.(대법원 1996. 2. 9. 선고 95다17885 판결)

■ 이에 따르면 유류분 부족액은 아래와 같이 계산된다.

(여기서 유류분권리자란 상속개시 후에 유류분을 주장할 수 있는 사람이다.)

- **유류분 부족액** = {유류분 산정의 기초가 되는 재산액(A) × 유류분권리자의 유류분비율(B)} − 유류분권리자의 특별수익액(C) − 유류분권리자의 순상속분액(D)

> A=상속개시 당시의 재산(유증 포함) + 증여액 − 상속채무액
>
> B=피상속인의 배우자, 직계비속은 그 법정상속분의 1/2, 직계존속과 형제자매는 1/3
>
> C=유류분권리자가 증여받은액 + 유증받은액
>
> D=유류분권리자가 상속에 의하여 얻는 재산액−상속채무 분담액

 ### 3. 유류분이 침해된 경우 어떻게 할 것인가

(1) 피상속인이 다른 사람에게 증여 또는 유증을 하였기 때문에, 유류분권을 가진 사람이 받은 상속재산이 유류분에 부족할 때에는, 부족이 생긴 한도에서 그 증여 또는 유증을 받은 자를 상대로 그 유류분 부족분의 반환을 청구할 수 있다.

이 때 증여 또는 유증을 받은 자는 각자가 얻은 '유증가액'의 비례로 이를 반환해야 한다.(민1115)

유류분을 침해하는 유증과 증여가 병존하는 경우에는 유증이 우선적으로 반환청구의 대상이 되고, 그것으로써 유류분에 부족한 경우에 한하여 증여에 대하여도 반환을 청구할 수 있다.(민1116)

(2) 유류분 분쟁에서 다툼이 많은 사유 중 하나는 부모가 불공평하게 생전증여를 했다는 것이다.

그러나 오래 전, 때로는 수십 년 전에 증여(특별 수익)한 것도 있어서 그 사실은 입증이 간단치만은 않은 점이 있다.

 4. 유류분 반환청구권과 소멸시효

유류분의 반환청구권은 유류분 권리자가 상속의 개시와 반환하여야 할 증여 또는 유증을 한 사실을 안 때로부터 1년 이내에 행사하지 아니하면 시효에 의하여 소멸한다. 또 상속이 개시한 때로부터 10년을 경과하면 반환청구권은 소멸한다.(민1117)

Chapter
09

유언·상속·증여에 관하여
꼭 알아둬야 할 세금지식

인간은 스스로 극복할 수 없는 거대한 충격을 받을 때에야

자신의 실상을 바라보게 되는 연약한 존재이다.

그 충격이 없이는 자아가 깨어지지 않는다.

**1. 상속세는 피상속인의 사망일로부터 6개월 이내에
신고, 납부해야 한다**

상속개시일(사망일이 속하는 달의 말일)로부터 6개월 내에 상속세를 신고하면 내야 할 세금의 10%를 공제하여 준다. 만약 이 기간 내에 신고하지 않거나 신고해야 할 금액보다 적게 신고하면(빠뜨리면) 20~40%의 가산세를 더 물어야 한다.

상속세 신고만 하고 납부를 하지 않으면 미납기간에 1일 0.03%의 가산세를 더 물어야 한다. 납부할 세금이 많으면 나누어 내거나 부동산, 유가 증권으로도 낼 수 있다.

상속세액을 계산하려면 우선 상속재산을 정리해야 하는데, 재산의 내역을 잘 모를 때에는 금융자산에 대하여는 금융감독원 등에 사망자의 전 금융기관의 예금과 부채, 보증채무, 보관금품 유무 등을 조회할 수 있고, 부동산은 국토교통부나 가까운 행정관서 지적부서에서 조회가 가능하다.

2. 사망하기 1~2년 전에는 재산 처분, 예금 인출.

부채 차입을 할 때 사용처에 대한 입증자료를

구비해 놓아야 한다(잘못하면 상속세를 낼 수 있다.)

상속세는 상속개시(사망) 당시 피상속인이 소유하고 있던 재산을 기준으로 부과하는 것으로 알기 쉬우나, 그렇지 않다. 사망이 임박했을 때 상속세 부담을 줄이겠다는 생각으로 재산을 처분하여 상속인에게 미리 분배하거나 추적이 쉽지 않은 현금으로 만들어 상속시키는 사례가 있기 때문에, 이를 방지하는 제도를 두고 있다.

즉, 상속개시 1~2년 이내에 일정 금액 이상을 처분했는데 그 처분금액의 용도가 명백하지 아니한 경우에는 상속세가 과세되는 불이익을 받게 되고, 또 실물을 보유할 때보다 세부담도 늘어난다.

따라서 부득이하게 재산을 처분해야 할 경우라면 사용처에 대한 증빙을 확보해 두어야 한다. 그 기간 내에 채무를 지는 때에도 마찬가지로 차입한 부채의 사용처에 대한 입증자료를 갖춰 놓아야 한다.

피상속인의 재산 처분 대금이나 차입금, 피상속인의 예금 계좌에서 인출한 금액의 사용처가 정당한 것이었다 하더라도, 피상속인이 생전에 증빙서류를 갖춰 두지 않으면 그가 사망하고 난 후에 상속인이 그 내역을 밝히는 것은 쉬운 일이 아니어서 억울하게 세금을 낼 수도 있다.

생전에 증빙서류 준비를 잘 해 놓으면 사후에 자식들이 그 문제로 고생하지 않고, 또 세금 부담도 줄일 수 있다.

✎ 3. 상속부동산을 팔 경우에는 상속개시 6개월 후에 파는 것이 좋다

상속이 개시되고 난 후에 상속받은 부동산을 팔면 상속인이 상속개시일에 취득한 것으로 보므로 보유기간이 짧아 상속개시 전에 양도하는 경우보다 양도 소득세가 없거나 적게 나올 가능성이 많다.

그러나, 상속개시 후에 팔더라도 사망 후 6개월은 지난 시점이 좋다.

상속개시 후 6개월 이내에 상속받은 부동산을 팔면 실제 매매가액으로 상속재산을 평가하지만, 6개월이 지나서 팔면 실제 매매가액에 관계없이 상속개시 당시의 기준시가로 상속재산을 평가하는데, 통상 기준시가는 실제 매매가액보다 낮다. 따라서 6개월 이내에 팔면 상속세 부담이 그만큼 늘어날 가능성이 높은 것이다.

재산을 증여받은 경우에도 증여일로부터 3개월 이내에는 가급적 증여받은 재산을 팔거나 담보로 제공하지 않는 것이 좋다. 증여일 전후 3개월 이내의 기간 중 매매 또는 감정을 하였거나 수용·경매·공매가 있은 경우에는 그 가액으로 증여세가 부과되기 때문이다.

✎ 4. 금융자산보다 부동산으로 상속하는 게 유리하다

상속세를 신고해야 하는 경우에는 상속재산이 얼마인지를 평가해야 한다. 실무상 부동산은 개별공시지가(토지) 및 국세청 기준시가(건물)에 의하여 평가하는데, 이는 통상 시가보다 낮게 책정되어 있다.

따라서 부동산은 시가와의 차액만큼 절세 효과가 있는 반면, 금융재산은 100% 그대로 상속재산으로 평가되고 있으므로 부동산 쪽이 상속세의 측면에서는 유리한 경우가 많다.

다만, 금융재산에 대하여는 일정한도의 상속 공제를 해 주고 있으므로, 부동산으로 상속하는 경우와 금융재산으로 상속하는 경우 중 어느 쪽이 유리한지는 구체적인 상황에서 비교해 볼 필요가 있다.

 5. 재산이 많을 때 상속세 납세대책을 미리 세워둔다

상속세가 고액이 된다고 예상될 경우에는, 현금화할 수 있는 납세 자금을 미리 마련해 둔다든지, 상속인이 세금을 납부할 능력이 있는지를 사전에 확인해 둔다든지, 아니면 연부연납이나 물납을 예정한다든지, 또는 종신보험에 가입하는 등의 대책을 세워놓는 것이 좋다.

잘못하면 납세자금을 마련하기 위해서 상속재산을 공매당하거나 급매물로 처분해야 하는 상황에 처하게 될 수도 있기 때문이다.

6. 상속재산을 공익법인에 출연하면 비과세 혜택을
받을 수 있다

피상속인이 유언으로, 또는 상속인이 상속재산의 일부 또
는 전부를 공익법인에 출연하는 경우에는 기부금 전액에 대
하여 상속세가 면제된다. 이때 놓치지 말아야 할 점은, 상속
세 신고기한(즉, 상속개시일로부터 6월) 이내에 출연해야 비과
세가 된다는 것이다.

기껏 좋은 일 하면서 법을 잘 몰라 세금 내는 일은 없도록
비과세 요건을 잘 살펴보고 그 요건에 맞추어 출연할 필요가
있다.

 ## 7. 상속재산을 협의분할 하려면 법정상속등기를
하기 전에 한다

상속재산을 협의분할하면 상속지분에 변동이 생긴다. 여
기서 협의분할을 법정상속등기 전에 하느냐 후에 하느냐에
따라 증여세를 내고 안내고 하는 차이가 생긴다.

먼저, 상속등기를 하기 전에 협의분할을 하면 어떤 상속인이 법정상속분을 초과하여 재산을 상속받게 되더라도 그것은 공동상속인으로부터 증여받은 것으로 보지 않고 피상속인으로부터 상속받았다고 보므로 증여세를 내지 않게 된다.

이에 반하여, 법정상속 지분대로 상속등기를 하고나서 그 후에 상속인끼리 협의분할을 하면 지분이 달라지는데, 이때 어떤 상속인이 법정상속분을 초과하여 상속재산을 취득하게 되면 그 초과된 부분은 공동상속인 중 지분이 감소된 상속인으로부터 증여받은 것으로 보아 증여세를 내야 할 경우가 생긴다.

다만, 이 경우에도 상속세 신고기한 내에 협의분할에 따른 경정등기를 하고 상속세 신고를 하면 증여세를 내지 않아도 된다.

 8. 조기 증여 하면 상속세를 절세할 수 있다

상속되는 재산이 많으면 많을수록 누진세율에 따라서 상속세의 금액이 훨씬 커진다. 따라서 상속될 재산을 미리 증여하게 되면 유산으로 남는 재산이 그만큼 적어지므로 세율이 낮아져서 상속세도 줄어들게 된다.

이때 유의해야 할 점은, 상속인이 상속개시 이전 10년 이내에 피상속인으로부터 증여받은 재산이 있다면, 상속세를 계산할 때 증여받은 그 재산도 상속재산에 포함시켜서 세금 계산을 한다는 것이다. 따라서 수명을 예측할 수는 없지만 피상속인이 몇 년 살지 못할 것 같다면 상속세 절세를 위한 의도로 하는 증여는 별 의미가 없을 것이다. 특히 피상속인이 사망할 즈음에 임박하여 처자에게 재산을 증여하는 것은 절세방법이 되지 못하며, 때에 따라서는 오히려 손해가 될 수도 있기 때문에 주의해야 한다.

결국 길게 내다보고 10년 단위로 증여를 함으로써 상속재산을 분산한다면 상속세 절세를 할 수 있을 것이다. 그러나 자녀들에게 재산이 다가 아니기 때문에 자녀의 장래 행복을 위하여 지금 증여하는 것이 과연 좋은 방안인지는 숙고해 봐야 하는 문제다.

9. 재산을 증여했다가 되돌리려면 3개월 내에 한다

재산을 증여했는데 이런저런 사정으로 증여가 없던 것으로 되돌리고 싶다고 하는 경우 잘못하면 2번 증여세를 낼 수 있으므로 조심해야 한다. 경우를 나누어 보면 다음과 같다.

증여를 받았다가 그 증여받은 재산(금전은 제외)을 증여세 신고기한인 3개월 이내에 반환을 하면 처음부터 증여가 없었던 것으로 본다. 따라서 이때에는 증여세가 전혀 과세되지 않는다.

만약 수증자가 증여받은 재산(현금은 제외)을 증여세 신고기한(3개월)이 지난 후 다시 3개월(당초 증여가 있은 날로부터 6개월) 이내에 증여자에게 반환하면 당초 증여에 대하여는 과세하지만, 반환한 것에 대하여는 과세하지 않는다.

당초 증여가 있은 날로부터 6개월이 경과한 후에 반환하면 이때는 당초 증여와 반환한 것 둘 다에 대하여 증여세가 과세될 수 있다.

따라서 재산을 증여했다가 되돌리려면 3개월 내에 되돌려 받아야 증여세를 물지 않는다. 다만, 어떤 경우에도 등기가 이전될 때마다 취득세와 등록세를 물어야 함은 물론이다.

10. 구체적인 것은 세금전문가와 상담한다

증여, 상속의 경우에 어떻게 해야 절세가 되는지 알려면, 또 세무지식이 부족하여 억울하게 세금을 내야하는 경우가 발생하지 않도록, 사전에 세금전문가에게 철저한 상담을 하는 것이 좋다. 즉, 증여를 할 때 어떤 방식으로 하는 것이 세법상 더 유리한지는, 만약 부동산 증여라면 향후 그 부동산을 계속 보유할지, 증여받는 사람이 세금을 납부할 자력이 있는지, 비록 정확히 알 수는 없지만 증여자의 건강상태에 따라 앞으로 얼마나 더 생존할 수 있을지 등을 종합적으로 고려해서 결정해야 할 것이고, 거기에 따라 미리 세워야 할 대책은 없는지 등도 알아둬야 한다.

우리나라 사람들은 전문가와 상담하고 자문료 지불하는 걸 매우 아까워하는 경향이 있는데, 법률을 알지 못하여 내지 않아도 되는 세금을 납부해야 하는 손해를 보는 상황이 미래에 실제 발생한다고 가정해 보면, 상담료 정도는 결코 아낄 것이 아니다. 실제로 전문가에게 조금만 상의하여도 아무 문제없을 일을 가지고 본인 생각만으로 일을 처리했다가 많은 손해를 보는 경우가 종종 발생한다.

유언 : 남은 이들을 위한 사랑의 편지

Chapter
10

외국인 및 재외국민(외국에 있는 한국인)의 상속과 유언

'사람은 왜 죽는가' 하는 물음은 곧,

'사람은 왜 사는가' 하는 물음에 직결된다.

◆ 박두진

Ⅰ. 외국인이 상속받는 경우가 많아지고 있다

부모가 대한민국의 국민이라도 자녀가 한국 국적을 상실한 경우가 적지 않게 있다. 이런 경우를 포함하여, 상속인이 외국인일 경우에 상속 또는 유언은 어느 나라 법의 적용을 받는가?

우리 민법은 피상속인이 한국인인 경우, 그의 상속인이 한국인이든 외국인이든, 또 그 상속인이 어디에 살든, 차별을 두지 않고 똑같이 취급하고 있다.

Ⅱ. 우리 국제사법의 상속 규정(국제사법49조)

상속은 사망 당시 피상속인의 본국법에 의해서 이루어지는 것이 원칙이다. 따라서 사망자(피상속인)가 한국인이면 우리나라 상속법에 따라 상속이 이루어지고, 사망자(피상속인)가 외국인이면 상속에 관하여 그 사람의 본국법이 적용되는 것이 일반적이다.

그러나 피상속인이 유언에 적용되는 방식에 의하여, 명시적으로, 지정 당시 피상속인의 상거소(常居所)가 있는 국가의 법(다만, 그 지정은 피상속인이 사망시까지 그 국가에 상거소를 유지한 경우에 한하여 그 효력이 있다.) 또는 부동산에 관한 상속에 대하여는 그 부동산의 소재지법 중 어느 것을 지정하는 때에는 상속은 그 법에 의한다.

이렇게 상속에 적용되는 법이 정해지면, 그 법은 재산 상속과 신분상속, 법정상속과 유언에 의한 상속, 포괄상속과 특정 상속 등, 상속의 모든 면에 적용된다.

Ⅲ. 외국에 있는 한국인의 유언(국제사법50조)

 1. 유언의 성립과 효력

요사이는 여러 가지 사유로 외국에서 생활하는 경우가 많아졌다. 국내에 있는 동안 유언을 해 두면 좋으나, 외국에 있는 동안에 유언을 할 때에는 어떻게 해야 할까?

우리나라 사람이 외국에서 유언을 하게 되면, 그 유언의 성

유언 : 남은 이들을 위한 사랑의 편지

립 및 효력은 본국법인 대한민국 법에 의한다. 우리나라 법에
정해진 대로 효력이 발생한다는 것이다.

2. 유언의 방식

문제는 유언을 어떤 방식으로 해야 하는가 하는 것인데,
우리나라 법에 정해진 방식에 의하여도 되고, 유언을 할 당
시의 행위지법에 의하여도 가능하다. 유언자의 유언 당시 또
는 사망 당시 상거소지법에 의할 수도 있다. 부동산에 관한
유언에 관하여는 그 부동산 소재지법에서 정한 방식에 의하
여도 된다.

3. 상속포기와 한정승인

유언자가 사망 당시에 외국에 주소를 두고 있는 경우에 만
약 상속인이 상속포기나 한정승인을 하려고 하면, 대법원 소
재지에 있는 가정법원에 신고를 하면 된다.

4. 판례 등

(1) 이 사건 유언장의 경우 그 진정성립이 인정되면 원고 주장의 위 권리관계 내지 법률적 지위의 불안이 제거될 수 있는지에 관하여 보건대, 구 섭외사법(2001. 4. 7. 법률 제6465호에 의하여 국제사법으로 전문 개정되기 전의 것) 제27조에 의하면 대한민국 국민이 외국에서 한 유언의 성립 및 효력은 본국법인 대한민국법에 의하되, 유언의 방식은 행위지법에 의하여도 무방하다고 규정되어 있는바, 갑 제2호증의 1 내지 6, 갑 제4호증의 1, 2의 각 기재에 변론 전체의 취지를 종합하면, 이 사건 유언장에 의한 유언은 위 ○○○의 본국법인 민법 제1065조 내지 제1070조에서 엄격하게 한정하고 있는 유언의 방식 어디에도 해당하지 아니하여 본국법 소정의 유언의 방식을 갖추지 못하였을 뿐만 아니라, 행위지법인 탄자니아 법에 의하더라도 위 ○○○의 부인 또는 친척이 증인으로 되어 있지 않고, 공증인 사무실에서의 인증 당시 2명의 증인 중 1명이 직접 참석하지 아니하는 등 적법한 인증절차를 밟지 아니하여 탄자니아 법 소정의 유언 방식도 갖추지 못한 사실을 인정할 수 있으므로, 결국 위 ○○○의 이 사건 유언장에 의한 유언은

유언 : 남은 이들을 위한 사랑의 편지

본국법 및 행위지법 소정의 방식을 갖추지 못하여 유언으로 서의 효력을 가질 수 없다고 할 것이다.(서울동부 2001가합5720 유언장진정성립확인)

(2) 재일교포가 일본 민법이 정한 방식에 따른 유언공정증서를 첨부하여 유증으로 인한 소유권이전등기를 할 수 있는지 여부(적극)

일본에 거주하는 대한민국 국민(재일교포)이 국내 부동산에 관하여 공정 증서에 의한 유언을 하고 그에 따라 유증으로 인한 소유권이전등기 신청을 하는 경우, 유언의 실질적 내용(유증)에 관하여는 국제사법 제49조 제1항에 의하여 유증자의 사망 당시 본국법인 대한민국 법이 준거법이 되나, 유언의 방식은 같은 법 제50조 제3항 제1호 내지 제4호 중 어느 하나의 법에 의할 수 있으므로, 위 등기신청시 첨부서면으로 유언 당시의 행위지법 내지 유언자의 상거소지법인 일본 민법이 정한 방식에 따른 공정 증서를 제출할 수 있다.(2005. 4. 7. 부동산등기과 −25 질의회답)

Chapter
11

북한주민의
상속·유증에 관한 특례

가장 중요한 시간은 바로 지금입니다.

가장 중요한 사람은 지금 함께 있는 사람입니다.

가장 중요한 일은 그 사람에게 좋은 일(선행)을 하는 것입니다.

♦ 세 가지 질문(레오 톨스토이) 중에서

1. 「남북 주민 사이의 가족관계와 상속 등에 관한 특례법」의 제정

남한주민과 북한주민 사이의 가족관계와 상속·유증 및 이와 관련된 사항을 규정함으로써 남한주민과 북한주민 사이의 가족관계와 상속·유증 등에 관한 법률관계의 안정을 도모하고, 북한주민이 상속이나 유증 등으로 소유하게 된 남한 내 재산의 효율적인 관리에 이바지함을 목적으로 「남북 주민 사이의 가족관계와 상속 등에 관한 특례법」이 제정되어 2012. 5. 11.부터 시행되고 있다.

 2. 북한주민에 대한 특례

이 법은, 남북통일 이전에도 남북 이산가족 사이의 가족관계 및 상속 등과 관련된 분쟁이 증가하고 있는 현실을 반영하여, 민법 등에 대한 특례를 규정하고 북한주민이 상속 등으로 취득한 남한 내의 재산 관리 방안에 관하여 규정하고 있다. 상속·유증 등에 관한 특례의 요지는 이렇다.

(1) 상속재산의 반환의 청구(법10)

북한주민이 상속재산의 반환을 청구하는 경우에 상대방이 되는 남한주민이 반환해야 하는 재산의 범위를 제한하고 있다.

반환청구의 상대방이 선의인 경우에는 그 받은 이익이 현존하는 한도에서 반환하고, 악의인 경우에는 그 받은 이익 중에서 이 법 공포일 당시에 현존하는 이익에 이자를 붙여서 반환하며, 만일 손해가 있으면 그것을 배상해야 한다.

(2) 상속회복의 청구(법11)

북한주민도 남한주민과 똑 같이 상속인이 될 수 있고 상속권을 갖는다. 대법원 판례도 이 사실을 인정하고 있다.

이렇듯 북한주민에게 상속권이 인정되므로 남북이산으로 인하여 피상속인인 남한주민으로부터 상속을 받지 못한 북한주민(북한주민이었던 사람을 포함한다)은 상속회복청구를 할 수 있다.

북한주민이 상속회복청구의 소를 제기하는 경우에, 북한주민이 상속재산을 관리하는 데 있어서의 어려움을 해결할 수 있도록, 원물반환 뿐 아니라 가액반환으로 청구할 수 있는

유언 : 남은 이들을 위한 사랑의 편지

선택권을 주고 있다.

남한주민에게는 상당한 기간 동거·간호, 그 밖의 방법으로 피상속인을 특별히 부양하거나 피상속인의 재산의 유지 또는 증가에 특별히 기여한 때에 그 사람의 기여분을 인정한다.

■ 판례 : 북한주민이 자기의 상속권이 침해되었다고 상속회복청구를 하는 경우에, 남북분단이라는 특수성이 있다고 하더라도, 상속회복청구를 할 수 있는 기간이 연장되지 않는다. 즉 북한주민도 남한주민과 동일하게, 상속권이 침해된 날로부터 10년이 지나면 상속회복청구권이 소멸되어 더 이상 상속회복청구를 할 수 없다.(대법원 전원합의체 2016.10.19.선고 2014다46648)

(3) 상속의 단순승인 간주에 대한 특례(법12)

상속개시 당시 북한주민(북한주민이었던 사람을 포함한다)인 상속인이 분단으로 인하여 민법 제1019조제1항의 기간 내에 한정승인 또는 포기를 하지 못한 경우에는 민법 제1026조제2호에도 불구하고 상속으로 인하여 취득할 재산의 한도에서 피상속인의 채무와 유증을 변제할 책임이 있다.

북한주민이 피상속인의 사망으로 상속이 개시된 사실을

알지 못하는데도 불구하고 남한주민과 똑 같이 상속개시가 있음을 안 날로부터 3월내에 한정승인이나 상속포기를 하지 않으면 남한에 있는 피상속인의 채무까지 모두 상속받는 것으로 된다면 너무 억울한 일이 생길 수 있으므로, 북한주민을 보호하기 위해 이와 같은 특례를 두고 있다.

(4) 북한주민의 상속·수증재산 등의 관리(법13~21)

① 재산관리인의 선임

북한주민이 상속·유증 등으로 남한 내의 재산을 취득한 경우에는 반드시 남한주민을 재산관리인으로 선임하여야 한다. 북한주민에 대하여 유증을 한 유언자는 법원에 재산관리인의 선임을 청구할 수 있다.

재산관리인을 통하지 아니하고 상속·유증재산 등에 관하여 한 법률행위는 무효이다.

② 북한주민이 직접 사용·관리 할 수 있는 경우

예외적으로 생계유지, 질병치료 등의 사유로 북한주민이 그 재산을 직접 사용·관리하게 할 수 있다. 이때는 사전에 법무부장관의 허가를 받아야 한다.

Chapter

12

상속재산 분쟁예방을 위해
유의할 점

It is not the strongest of the species that survives,

nor the most intelligent,

but the most responsive to change.

_기나긴 생명의 역사에서 살아남은 종은

가장 강한 종이 아니고, 가장 똑똑한 종도 아니다.

변화에 가장 잘 적응을 하는 종이다.

♦ 찰스 다윈(Charles Robert Darwin)

요사이 가족 간의 재산분쟁은 상속재산이 많은 경우뿐 아니라 재산이 많지 않은 경우에도 적지 않게 벌어진다. 유산 싸움은 가족관계 파탄 등 심각한 부작용을 낳는다.

유언을 할 때는 상속인들, 유증받는 사람, 증여받은 사람 사이에서 분쟁이 발생하지 않도록 재산을 분배하는 것이 필요하다. 감정에 치우친 유언은 다툼의 여지를 남기게 되고 그것은 유언자 자신의 책임으로 돌아갈 것이다.

I. 사전증여와 상속 중 어느 것을 택할 것인가

(1) 자녀나 배우자에게 재산을 물려줘야 할 때 사전증여와 상속 중 어느 쪽이 좋을까?

일반적으로는 어떤 세금이 부담액이 적을까가 우선 고려 대상일 것이다. 형식적으로 보면 이렇다.

■ 상속세와 증여세의 세율은 같다.

그러나, 세금을 매기는 방법은 다르다. 상속세는 상속인 수에 관계없이 전체 상속재산에 대해 세금을 매긴다. 하지만 증여세는 개개인이 받는 재산금액에 따라 세금을 매긴다.

■ 상속은 배우자상속공제, 일괄공제, 금융재산상속공제, 가업상속공제 등의 제도가 있어서 상속이 증여보다 공제액이 훨씬 크다.

■ 상속 시기는 언제가 될지 정할 수 없지만, 증여는 시기나 수증자(증여를 받는 사람)를 마음대로 정할 수 있다.

■ 증여세를 계산할 때 빼 주는 증여재산공제금액은 수증자를 기준으로 판단하는데, 이때 공제금액은 10년 단위로 계산한다. 따라서 증여는 10년 단위로 하면 세금을 줄일 수 있다.

(2) 사전증여를 할지 안 할지는, 둘의 장단점, 재산의 액수와 구성 내용, 건강 상태와 예상되는 수명, 가족 간의 관계 등을 종합하여 판단해야 할 것이다. 구체적 상황에서 하나하나 따져봐야 하겠지만, 대략 다음과 같은 기준을 정할 수 있다.

■ 고액재산가일수록 생전 증여를 해서 상속분을 줄이는 게 유리하다. 보유재산이 많으면 상속세 최고세율을 부담할 확률이 높아진다.

반면에 재산이 많지 않은 사람이라면 굳이 증여세를 내면

서까지 생전 증여를 할 필요는 없다. 상속공제액을 빼고도 큰 금액이 남을 만큼 재산이 많지 않다면, 사후 상속을 통해 재산을 물려주는 게 세금을 아끼는 방법이다.

■ 재산이 많은 경우라도, 자녀에게 증여를 하는 것이 그들의 삶에 어떤 영향을 미칠지를 고민한 후에 증여 여부를 결정하는 게 좋을 것 같다.

부모로부터 재산을 증여받은 후에 불효하는 사례가 있는 만큼, 증여를 할 때에는 단순 증여가 아니라 증여받는 쪽에 부양 의무를 부과시키는 '부담부증여'(민556)를 할 수 있다. 증여에 조건을 붙이면 그 조건의 불이행을 이유로 증여 계약을 해제하고 재산의 반환을 청구 할 수 있다.(소위 효도계약)

■ 상속(피상속인의 사망)이 임박한 시점에서 배우자나 자녀에게 증여하는 것은 자칫 상속공제를 제대로 받지 못하여 상속세 부담이 늘어나는 요인이 될 수 있다. 상속인들에게 생전 증여한 재산에 대해서는 상속공제가 되지 않기 때문이다. 따라서 상속재산을 줄이려다가 오히려 더 많은 세금을 낼 수 있는 것이다.

■ 장기간의 증여 계획을 세워서 10년 단위로 증여를 하고, 가치상승이 많을 것으로 예측되는 재산을 미리 증여하면 상

속 세금을 줄일 수 있다. 생전 증여한 재산은 상속재산에 합산되더라도 증여 당시의 가액으로 합산되기 때문이다.

(3) 부담부증여의 내용 예시(소위 효도계약)

---·////>·\\\\---

1. '서울특별시 관악구 ○○길 23 대지 200㎡' 부동산을 증여받는 아들 A는 증여자인 아버지와 같은 집에 살며 부모를 성심성의껏 부양해야 한다.

2. 만약 아들 A가 위 조건을 제대로 이행하지 않을 경우 증여자가 증여를 해제하거나 다른 조치를 취하더라도 A는 아무런 이의를 제기하지 않는다.

II. 상속분쟁 예방을 위한 착안점

1. 유언이 적법한 효력을 인정받으려면 법에서 정한 요건에 맞아야 한다.

요건에 흠결하면 설사 그 내용이 유언자의 진의에 합치하

유언 : 남은 이들을 위한 사랑의 편지

더라도 법적으로는 무효가 되기 때문에 상속인들 사이에서 다툼의 빌미가 될 수 있다.

2. 유언자의 정신과 판단능력이 온전할 때 유언을 하는 것도 중요하다.

임종에 가까워서, 또는 급하게 이뤄진 유언은 판단력이 흐려졌다거나 요건불비라는 이유로 상속인들끼리 유언의 유무효를 놓고 다투기 쉽다.

3. 원칙적으로 상속을 받을 권리는 유언자가 생존해 있을 때는 상속인들이 미리 포기할 수 있는 것이 아니다. 따라서 부모 생전에 상속인들이 미리 모여서 상속포기에 대한 합의를 했다 하더라도 부모가 돌아가신 후 태도를 바꾸며 자기 몫을 달라고 할 여지가 있다는 점을 유념해야 한다.

4. 상속의 대상이 되는 재산은 「상속개시 당시의 재산 + 생전에 증여한 재산」의 둘을 합친 것이라는 사실을 유념해서 유언을 해야 한다. 또 유류분을 침해하는 유언은 다툼의 실마리가 될 수 있다는 점도 인식할 필요가 있다.

그러므로 유언자는 자기가 남기게 될 재산, 과거에 자녀 등에게 증여한 재산액, 각 상속인의 유류분 등이 얼마나 되는지, 상속세 대책은 무엇인지, 가업승계와 회사경영권을 어떻게 할지에 대한 철학, 재산의 사회환원과 이에 대한 상속인들의 공감 내지 상속인 설득, 각 상속인들의 형편, 또 유언 때문에 상속인 간에 우애가 깨어지지 않을지 등을 염두에 두고 정밀한 상속계획을 세워야 상속인 간의 분쟁을 막을 수 있을 것이다.